幸せの手で紡いだ妊娠・出産・育児

2万人のおめでとうを見守る産科医からのメッセージ

ワイズレディスクリニック理事長・院長
瀬川裕史
Yushi Segawa

健康ライフ選書
SHUFUNOTOMOSHA

はじめに

私が理事長を務める医療法人社団ワイズレディスクリニックは、今年で開業30周年を迎えます。クリニックがあるのは埼玉県幸手市。「幸せの手」と書く幸手《さって》市で、これまで2万人以上の妊娠・出産をサポートしてきました。

妊娠・出産・育児は人生の中でも特別なイベントであることは間違いありませんが、だからこそ不安を覚えたり、ネガティブにとらえたりする方がいるのも事実。そうした負の感情を少しでも解消できる糸口になれば……そんな思いを『幸せの手で紡いだ妊娠・出産・育児』というタイトルに込めました。

不安なことやわからないことを放置しているとどんどん蓄積されていき、放置したことに対しての興味がなくなってしまうこともあります。

例えば子どもの頃、九九まででは得意でしっかりできていたのに、どこかでつまずくと、それから先がうまくいかなくなって算数や数学が嫌いになってしまう……。それと同じで、妊娠・出産・育児もちょっとしたつまずきがあとあと尾を引いて、しんどくなってしまうことがあるかもしれません。

また、今はインターネットにたくさんの情報があふれていますが、ネット上の情報は玉石混淆です。すべての情報が正しいわけではないので、医療スタッフとしっかりコミュニケーションをとりながら、不安を蓄積することなく妊娠期を過ごしていってほしいと思います。

そして私は、妊娠・出産・育児は、あまり頭でっかちにならず、本能に任せたほうがいいとも感じています。本能的なことは、努力するより起こることを楽しむのが大切です。
世の中で強いのは、努力するより楽しんでいる人ではないでしょうか。だから皆さんにも、ぜひ楽しむ心を持って、妊娠期や育児期を過ごしていただけたらなと思います。

私がこの仕事をしていて一番すごいと感じるのは、女性が母になる瞬間です。その瞬間は皆さん、とってもいい顔をしています。そうした表情を見るたびに、本当にいい仕事だなと実感しています。

出産にはそれだけのことを成し遂げた達成感があるので、その達成感を味わい、自信を持って育児をスタートしてほしいと思います。
妊娠も出産も女性にしかできない、とても価値のある瞬間の連続。最先端の医学をもってしても男性にはできないことなので、それができる自分の力に自信を持って、赤ちゃんと一緒の時間を楽しみ、過ごしていってください。

この本が、あなたが妊娠・出産・育児を楽しむ一助になればうれしく思います。

Contents

第1章 お産を「つらくて怖いもの」にしないために

第2章 妊娠中のストレスとどうつきあう？

第3章 すこやかなマタニティライフのための生活習慣

第4章

満足のいくお産にするために知っておくべきこと

第5章

赤ちゃんとの生活を目いっぱい楽しむ方法

CHAPTER

第1章

How to be a Happy Mama

お産を「つらくて怖いもの」にしないために

不安があっても「あなたはひとりじゃない」

妊娠がわかったときは喜びでいっぱいだったはずなのに、少しずつ体が変化し、一日一日と出産が近づくにつれて不安を覚えることがあるかもしれません。「お産は痛くてつらそう」「産むのが怖い」「無事に生まれてくるだろうか」……そんな皆さんの不安を少しでも解消するために、お話ししたいことがあります。

人間は本来、学習する生き物です。例えば、二度と経験したくないような嫌なことがあると、それを自ら回避するように脳にプログラムされています。でも、世界中どこの国にも「きょうだい」という言葉が存在しますよね。怖かったとしても、しんどかったとしても、2人目、3人目と生み育てている人がたくさんいます。それはつまり、妊娠も出産も「怖い」「痛い」「しんどい」を超えて得られる素晴らしいものがあるということです。

それに、不安やストレスのない人生なんてあり得ません。性別、年齢、職業、環境は違っても、誰しもそれぞれに不安やストレスを抱えて生きています。

だから、あなたはひとりじゃない、周りにサポートしてくれる人たちがいるということを、どうか頭に置いておいてください。

「人」という字は2人の人間が支え合っている姿です。それを信じて、周りの人にサポートをお願いするのは、ちっとも悪いことではありません。

とはいえ、周囲の人の声に振り回されすぎないことも大事。親、きょうだい、友達、インターネット……どこにでも悪気なく不安をあおるようなことを言う人がいるものです。

「私はお産のときこうだったから〜」など、他人の経験を聞いたところで、あなたがそれと同じになるわけではありません。妊娠も出産も人は人、自分は自分。惑わされる必要はないのです。

「エンジョイ」と「エンリッチ」で楽しんで

私は「はじめに」で皆さんに「楽しんで」と書きましたが、実は「たのしむ」には2つあることをご存じでしょうか？　1つは「ｅｎｊｏｙ（エンジョイ）」で、日本語にすると「楽しむ」。皆さんもすでに知っている言葉だと思います。何かをすることによって喜びを感じ、興奮を感じる状況ですね。

では、もう1つは？　それは「ｅｎｒｉｃｈ（エンリッチ）」。「豊かにする」「高める」を意味する言葉で、自分の意識や思いから生まれる深い喜びや満足感を得た状態を表す「愉しむ」にもつながります。さて、何が違うのでしょうか？

実は私も「エンリッチ」という言葉をよく知りませんでした。あるとき、英語で書かれた冒険家たちの本をいただいたので読んでみると、中に「エンリッチ」という言葉がたくさん出てきたのです。「エンリッチって何だろう？」「どうしてエンジョイじゃないんだろう？」と疑問に思いました。

本に出てくる冒険家たちは、北極に単独で行ったり、エベレストにひとりで登ったりと、本当にしんどい思いをしながらチャレンジしていますが、それを超えたところにある達成感が「エンリッチ」＝愉しいと書かれていました。

そう考えると、例えばメジャーリーガーの大谷翔平選手は野球をおおいに楽しみながらも、人には見えないところで厳しいトレーニングをずっと続けています。私たちから見たら「エンジョイ」かもしれないけれど、実際は「エンリッチ」でやっているのだと思います。

皆さんも振り返っていただくと、学生時代の勉強や部活もそうだったのではないでしょうか。しんどい思いもしたでしょうし、結果が出ないこともあったかもしれませんが、それを乗り越えて今の人生があるわけです。

妊娠・出産・育児も同じです。だから皆さんにもぜひ、「エンジョイ」だけでなく「エンリッチ」も知っておいてほしいと思います。

ただ単にラクに、というだけでなく、しんどさやトラブルを乗り越えた先に得られる喜びや達成感。その過程をエンジョイし（楽しみ）ながら、エンリッチ（愉しみ）も求めていきましょう。

メンタル不調の原因はホルモンバランスの変化

妊娠期はメンタルに不調をきたす人が多いもの。日本産婦人科医会の発表によると、妊娠中に「うつ」になる人は約10％います。

そもそも「うつ」というのは脳の機能障害なので、体のストレス――妊娠中であればつわりや不眠などと、精神的なストレス――急激な生活の変化、仕事環境、漠然とした将来への不安などが関わってきます。

また、妊娠中はホルモンバランスも変化します。

女性ホルモンには、妊娠の準備をする「エストロゲン」と、妊娠を維持する「プロゲステロン」の2種類がありますが、妊娠20週頃まではエストロゲンよりプロゲステロンの働きが強くなるうえ、つわりや生活環境の変化などの外的要因も加わって、ストレスなどを感じやすい人はうつになりやすいと考えられます。

プロゲステロンは出産まで増加していきますが、体が妊娠した状態に慣れてくる妊娠20週頃以降は、メンタル不調も改善傾向になることが多いよう。つまり、体が順応していくということです。

妊娠中のうつの症状はさまざまですが、気分が変調する、イライラしたり落ち込んだりしやすい、食欲が過多になったり減退したりする、眠れない、体がだるい、対人関係が悪くなる、仕事でミスが増える……そうした症状が出るようなら、担当医師に相談して原因を探りましょう。

眠れないのであれば、漢方薬を処方することもあります。妊娠中の生活の中でパートナーとの協力体制がうまく築けないのであれば、パートナーにも来院してもらい、私たち医療者が相手の本音を聞き出して「ちょっとサポートしようね」と話をすることもあります。とにかく、困ったことや不安なことがあったら、クリニックで早めに相談するのが一番です。

私はクリニックの外来でよくこんな話をします。

旗を立てた砂山を掘る「砂取りゲーム」では、砂がなくなると旗が倒れますよね。その倒れた状態が、うつ状態です。柱が深くしっかりしていれば（＝自分の精神が強ければ）掘っても旗は倒れないけれど、浅ければ（＝精神が弱っていければ）すぐに倒れてしまう。また、砂山が小さい（＝余裕があまりない）とすぐ崩れてしまうけれど、大きければ（＝余裕があれば）崩れにくい。

……だから、普段からどっしりと倒れない柱を持てるようにしておいたほうがいい。自分の心の中のエネルギーをしっかり溜められるように、ストレスを解消する方法を見つけ、自分の好きなことを楽しんだり、好きな人たちと交流したりして、心に余裕を持たせる＝器を大きくしておいたほうがいいのです。

ネット情報を鵜呑みにする前に医師に相談を

今はインターネットやSNSなどで多くの情報が簡単に得られる時代です。便利な半面、その情報によって不安を募らせたり、間違った情報を信じ込んでしまったりというデメリットもあります。

私のクリニックに来た妊婦さんに、こんなことがありました。

担当医師から「切迫早産です」「入院になるかも」と告げられ、ネットで調べたら「お産まで寝たきり」なんて書いてある。その妊婦さんは妊娠26週くらいでしたが、「このまま入院したら、出産するまで家に帰れないんですか？」と泣いていました。

しかし、そうとは限りません。実際、その方はその後の経過にほぼ問題がなく、症状も落ち着いて、妊娠10カ月まで入院もせずに過ごせました。

私たち医療者も言葉づかいに気をつけていますが、妊婦さんはちょっとした言葉にも敏感です。

例えば、「前置胎盤」と診断されて調べてみると、「大量出血する」「命に関わる」「赤ちゃんが小さく生まれてしまう」などという情報が目に飛び込んできます。スタンダードな情報よりもセンセーショナルな情報のほうが目に留まりやすいですからね。それだけを見て「どうしよう、私もそうなるんだ」と思い込み、動揺したりパニックを起こしてしまったり、精神的に追い詰められていきます。

妊娠中の疾患に関しては、ネットで得た情報が正しい場合もありますが、100%それが自分に降りかかるわけではありません。

不安だからついついネットで調べてしまう気持ちは理解できますが、一番いいのはまず医療者に聞くことです。情報を一面的にとらえないように、ネットの情報は参考程度にして、通っている産婦人科の医師や医療スタッフに説明を求めるのがベストだと思います。

妊娠中は不安がたくさん出てくるでしょう。でも、考えてもどうしようもない、解決できない不安は考えないほうがいい。だって「お産がうまくいくか・いかないか」なんて、いくら考えても、実際お産になってみないとわかりませんから。

妊娠中だけでなく、人生においても不安はつきもの。解決できるものは考えてもいいけれど、解決できないものはいくら考えてもしょうがない、それが不安です。解決できない不安をなんとかしようと、いろいろ調べたりするだけ時間の無駄。米国の心理学者、ロバート・リーヒ博士の研究によれば、心配事の97％は取り越し苦労で終わるのですから。

繰り返しになりますが、本当に困ったときは、ひとりで悩まず、私たち医療者に相談してください。きっと適切なアドバイスができると思います。

医療機関と信頼関係を築くことが大事

私は、医療者と妊婦さんとのコミュニケーションがとても大切だと考えています。両者はあくまで対等な立場ですが、妊婦さんの心理的にはどうしても医療者が上のように感じてしまうようです。だから私のクリニックの外来では、妊婦さんたちにできるだけフランクに話をしてもらえるよう心がけています。

例えば、私は白衣を着用せず、Tシャツやポロシャツなどを着て診察しています。スクラブ（医療ウエア）を着ることはありますが、それにはポケモンがついていたりします（笑）。

院内には私の好きな象モチーフの置き物や時計などを飾ったりして。どこかで共通項があったり、患者さんがフッと笑顔になったりするところがあれば、親近感が湧いてくると思っているからです。

そして、患者さんには「あなたのことをちゃんと見ていますよ」ということを伝えるのも大事だと思っています。

私が心がけているのは、外来でお会いした方の名前を必ず3回は呼ぶこと。例えば鈴木さんという方が来院されたら「鈴木さん、今、赤ちゃんはこうですよ」、途中でも「鈴木さん」と名前を呼んで、必ず相手にメッセージをちゃんと届けられるようにしています。

誰しも自分の名前を呼ばれたら、必ずそちらに顔を向けますよね。その状態で、私は一生懸命お話しします。患者さんが私の話を全部理解してくださるとは思いませんが、お話しする以上は少しでも深めてもらいたい。そのためにも、私たち医療者がちゃんと伝える技術を持たなければいけないと思いながら、日々仕事に向き合っています。

もし、医師の存在がとっつきにくいと感じたとしても、看護師や助産師、フロント係など、「この人なら話せる」と思える医療スタッフはいないでしょうか。

そのスタッフとうまくコミュニケーションがとれるようになると、「こういうことが不安で……」と相談したときに「じゃあ先生に聞いておきます」と、その先につなげていくことができるはずです。

通っている医療機関の中に、自分にとってつきあいやすい人を1人でも2人でも見つけておけば、より安心して通えるようになるでしょう。

また、マザークラスやマタニティビクスなどのイベントに積極的に参加することも、より医療機関を信頼するきっかけになると思います。そこには仲間がいる、自分はひとりじゃないということが実感できるからです。

それが育児という次のステージにもつながっていくでしょう。

頭でっかちにならないようにしよう

妊娠・出産ははるか昔から繰り返されてきた自然の営み。とはいえ、命がけの行為でもありますから、「怖い」と思う方もいるでしょう。

では、どうしたら「怖い」という気持ちを払拭できるのか。私は、あまり頭でっかちにならないことだと考えています。

出産は原始的な行為なので、頭であれこれ考えても仕方がない。だから呼吸法などにはあまりとらわれる必要はありません。

どんなに予習しておいたとしても、いざとなったときにできない可能性がおおいにあるからです。そうなったとき、「私は呼吸法がちゃんとできなかった」と落ち込んだりして、出産というせっかくのハッピーな瞬間をネガティブにとらえてしまうことも考えられます。

だから私は、妊婦さんには「お産本番でアドバイスするから大丈夫だよ」、クリニックのスタッフには「みんなは大変だと思うけれど、そのときの状況に合わせて行動しよう。〝現場合わせ〟でよろしくね」と伝えています。

そのほうが妊婦さんも私たち医療者に身を委ねやすいと思うからです。それが〝いいお産〟につながっていくのではないかと考えています。

頭にハウツーなどの情報がたくさん入ってくると、それができなかった自分を否定してしまいがちです。でも、お産はある意味、なるようにしかなりません。ともかく、自分が出産する医療機関を信頼するしかないのです。

出産に向けての準備として「これがいい、あれがいい」と耳にすることも多いでしょうが、自分の中で「これは無理」と感じることには手を出さないほうがいいと私は思います。それをやらなかったらうまくいかない、というわけではないのですから。

自分に合わない・できないことはしない、不安のほうにばかり目を向けない。そんなふうに妊娠期を過ごしていくことが、よりよいお産につながると私は思っています。

痛みを超えて、お産をいい記憶に

「お産はなるようにしかならない」と書きましたが、それでも「痛いのは嫌だ」「自分は痛みに耐えられるだろうか」と不安に思う方もいるかもしれません。

痛みをどうとらえるかですが、「赤ちゃんが出てくるための痛みだ」と前向きに考えられれば、痛みに対する不安は多少減るのではないでしょうか。

ただ、私がお産の現場で思うのは、ほとんどのママたちがお産が終わった途端に痛みを忘れているということ。痛みのレベルでいえば、陣痛の痛みはハイレベル。それでも、通り過ぎれば「痛みも忘れちゃった」という方がとても多いのです。

そして、痛みを忘れられるからこそ「また産みたい」と思えるのでしょう。まさに「案ずるより産むが易し」です。

当院で2人目を出産した方から、産後にお手紙をいただいたことがあります。

その手紙には、「この痛みが来ているということは、赤ちゃんはここまで来ている」「もう少し進むと……」と、痛みの中でも冷静にお産の進み方を受け止めていた、と書いてありました。

私は、ママはお産に無我夢中になっているから思考は停止しているだろうと思っていたので、そうではない方がいることにとても驚き、意外な学びとなりました。

そんなふうに、お産は記憶に残るものでもあります。だからママに少しでもいい記憶を残してあげたい、そんな思いで日々お産をサポートしています。

もし本当に痛みが苦手なのであれば、今の医療には無痛分娩や和痛分娩という選択肢もあります（130ページ）。痛みを緩和できる方法を検討してみるのも一つだと思います。

お産には必ず「ゴールがある」ことを信じて

私たちが不安を覚えるのは「ゴールがないとき」ではないでしょうか。暗闇の中を歩かせられたら、「どこが出口なの？」と不安になるでしょう。でも、先に光が見えていれば「あそこまで行けば大丈夫だ」と安心します。

つまり、ゴールがあるということが大事なのです。

それに、楽しむにしても努力をするにしても、ゴールがなくてはできませんよね。冒険家の人たちだって、例えば「エベレストに登頂する」という自分の中のゴールを設定して、それに向かっていく達成感を求めているわけですから。

妊娠・出産も同じです。だから私たちはお産のとき、できるだけ「もうちょっとで子宮口が開くよ」「もうすぐ生まれるよ」など、ゴールがわかる声掛けをするようにしています。

必ずゴールがあることを信じてほしいから。「もうちょっと頑張ればゴールだ」という気持ちを大事に、お産に臨んでください。

安心して子どもを産み育てられる社会を目指して

厚生労働省が2024年11月に発表した人口動態統計によると、2024年上半期（1～6月）の出生数は32万9998人。このままだと1年間の出生数が70万人を割る可能性が高いという結果になりました。少子高齢化は進む一方です。

これに歯止めをかけようと、国が推進しているのが「少子化対策」。でも、私は以前から「少子化対策」という言葉に違和感を覚えていました。少子化を予防するのであれば「少子化予防対策」や「少子化防止対策」ではないのか、と。「少子化対策」という言葉自体が、少子化することを前提にした対策なのではないか。だから国は子どもが減ることをある程度容認しているのではないか、と思えてきます。

エコロジカル・フットプリント（人類が地球環境に与える負荷の大きさを測る指標）からすると、適正な人口は８０００万人程度だといわれています。もともと「産めよ増やせよ」という国策をとってしまった分、人口が減るのは自然なこととし、それまでにどうやって人々が困らないような形で国を維持していくのか。それを模索していくのが「少子化対策」なのだろうと私は考えるようになりました。

「ワンオペで育てる自信がない」「経済的に余裕がない」……そうした理由から「子どもは１人にしよう」と考える方もいらっしゃると思います。

もし子どもを２人以上ほしいのであれば、ワンオペにならない状況、経済的不安のない状況になるよう、自分で考えて行動していかなければならない。これは大変です。産むことを躊躇してしまってもおかしくありません。

本当に少子化を止めたいのであれば、20代の既婚率を上げるように、安心して子どもを産み育てられる環境、親を孤立させずに社会が育てていくという状況を自治体ではなく国がつくっていくべき。自治体の対策は限られたパイの取り合いでしかありません。私も産婦人科医として、社会に働きかけています。

とはいえ、今の時代にも3人、4人と子どもを持つ方たちもいらっしゃいます。そういう家庭に共通しているのは、「子どもがいることが楽しい・幸せ」という価値観です。

必ずしも経済的にゆとりがなくても、子どもが育つことに楽しみを持っていたり、子どもと一緒に家族で過ごす日常に幸せを感じていたりします。

子どもを産み育てることには苦労もある一方、何ものにも代えがたい幸せや楽しみを得ることでもあるのです。

育児で得た知識や経験は人生の糧《かて》になります。子どもがいることをハンディではなくプラスにとらえて、みんながともに伸びていくような社会になっていけばいいなと強く願っています。

妊娠中も育児中も「普通」なんてありません

日本人はとにかくせっかちです。例えば、子どもが1歳くらいでまだ歩かないと「うちの子、おかしいんじゃないか?」と不安になり、10カ月で歩いたら「すごい!」と自慢に思います。

しかし、いいじゃないですか、1歳半くらいまでにゆっくり歩く子でも。すべてその子の個性です。

「普通はこう」「うちは普通じゃない」。

日本人は「みんなと一緒じゃないといけない」という集団的な意識を持ちがち。

「普通」から外れてしまうことに恐怖を持っている人が多いと感じます。

でも、育児に関しては、ある程度は「個性」。私も3人の子どもを育てましたが、3人とも個性のある子たちだったので、その違いを楽しんでいました。

妊娠中も育児中も「こうじゃなきゃダメ」「これが普通」などということはありません。もし周囲の人がそういう考えを押しつけてきたとしても、ママは「大丈夫だよ」という気持ちの余裕を持てるようになってほしいですね。

そうすればきっと、より育児を楽しめるようになるはずですから。

以前、学会でドイツへ行ったときのことです。ミュンヘンという街で日曜日のマーケットに行ったら、幼稚園児くらいの子どもがベビーカーに乗っていました。私は「なんでこんなに大きい子が？」と、びっくり。日本だったらもうベビーカーには乗せないくらいの年齢の子がベビーカーで移動しているし、電車に乗ったらまず子どもを座らせている……そんな光景を何度も目にしました。

その後、ハンブルクという街に移動して公園でコーヒーを飲んでいたら、日本人の方が私に「日本人ですか？」と声をかけてくれました。「そうです」と答えると、相手は「私はこちらに30年住んでいるんです」とおっしゃいました。

そこで私は「ちょっと聞いてもいいですか？」と言って、「ずいぶん大きい子がベビーカーに乗っていたり、電車でも子どもをまず座らせたりしているのをよく見ましたが、ドイツではどこでもそうなのですか？」と尋ねました。

すると、「そうです」と。「私は子どもが早く歩いたほうがいいと思っていたら、立ち上がらせるな、歩くのはゆっくりでいいんだと言われました。ドイツでは、生まれて、ハイハイをして、立ち上がって歩くというのは、四つんばいから二足歩行になっていく人間の進化を表している時間だから、そこを急かしてはいけない、と。だから、1歳半くらいまで歩いていなくても普通ですよ」とおっしゃっていました。

日本とは時間の流れが全然違いました。日本人も時間の流れをもう少しゆっくり考えることができるようになると、育児ももっと楽しめるんじゃないかなと思った出来事でした。

何事も人は人、自分は自分。不安なほうにばかり目を向けず妊娠・出産・育児という貴重な時間を楽しんで

妊娠・出産・育児には不安があると思いますが、周囲の声やネットの情報に惑わされないで。困ったときは医療機関に相談して、早めに不安を解消しましょう。

CHAPTER

第2章

How to be a Happy Mama

妊娠中の
ストレスと
どうつきあう?

持続する強いストレスには要注意

第1章でもお話ししたとおり、妊娠中はホルモンバランスの変化などによりストレスを感じやすくなります。特に妊娠初期は急激な体の変化になかなか慣れません。つわりが起こったり、眠気に襲われたり、これまでとは違うことが起こると対応できなくなることもあるでしょう。

でも、妊娠中期以降はホルモンの状態に慣れてきて、体調もある程度落ち着いていきます。ストレスに対しても適応していくようになると考えられます。

ただし、強いストレスを感じると交感神経が刺激され、アドレナリンが過剰に分泌されるので、血管が収縮して血流が悪くなる可能性があります。

さらに、ストレスを感じるとコルチゾールというステロイドホルモンが分泌されるのですが、これが赤ちゃんにとってネガティブな状況を引き起こすことがあるといわれています。血流が下がって栄養が届きにくくなり、赤ちゃんが小さく生まれる、神経障害が起こる、などがその例です。

もちろん、誰だってストレスは感じるものです。それが瞬間的なストレスであれば問題ありませんが、職場で毎日嫌がらせを受けたり、夫とのコミュニケーションがうまくいかずに毎日ケンカしてしまったりなど、強いストレスを持続して受けるような状況はよくありません。

妊娠中は可能な限り、穏やかな気持ちで過ごしましょう。

とはいえ、強いストレスによる赤ちゃんへの悪影響は「起こる可能性がある」けれど「必ず起こるわけではありません」。だから、必要以上に神経質になったり不安になったりしないでくださいね。

持続する強いストレスはおなかの赤ちゃんに影響する可能性がある、それを知っておくだけで大丈夫です。

仲間とつながることの大切さを実感

コロナ禍では、メンタルヘルスがダメージを受けたと感じています。「エジンバラ産後うつ病質問票」という産後うつのチェック票があるのですが、明らかに悪い結果となりました。このままではよくないと考え、コロナ禍で私たちの支援にも制限があるため、行政に「対応を考えてほしい」と養育支援の依頼を多数提出したほどです。

パンデミックの際は、ただでさえ一般の人でもストレスがある状態なのに、妊婦さんにはさらに大きなストレスがあったはずです。頼れる医療者がいたとしても、人とつながれない、仲間と交流できないというのは、妊婦さんにとって大きなネックだったと思います。

Dr. Yushi Segawa

ワイズレディスクリニックってこんなところです!

ママ同士のコミュニケーションを何より大切に

入院室は個室ですが、昼食と夕食は食堂で他のママと一緒に。「情報交換やおしゃべりできて楽しい。気分転換にもなる」と好評。また、マタニティビクスやマザークラスも活発。

あたたかな空間、あたたかな会話でママたちに安心感を!

待合室や食堂の天井には、ママたちをやさしく見守る天使の絵や、穏やかな気持ちになれる蝶や花の絵が。診察の際にもママが緊張しないよう、笑顔を心がけています。

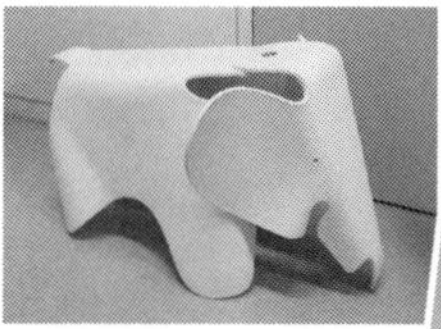

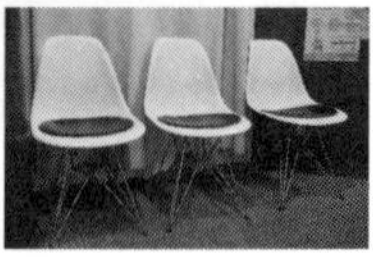

ちょっとした遊び心で院内を楽しく

院内には安産の象徴でもあり、瀬川院長が大好きな象の置き物がそこかしこに。イッタラなどさまざまなブランドのデザインチェアを置いているのも楽しい♪

私のクリニックでも変化を感じたのは、コロナウイルスがデルタ株からオミクロン株に置き換わり、ある程度、感染対策の緩和が始まった頃。以前はママ同士のコミュニケーションのためにラウンジで1日3食、みんなで食事をしていましたが、コロナ禍はそれができませんでした。

ようやく緩和され始めたので、夕食だけみんなで一緒にとろうとアクリル板を設置して食事を始めたら、ママたちは自然と笑顔に。それまでとはもう雰囲気が全然違いました。その結果、母乳率は上がり、産後うつ病質問票の点数は下がったのです。

さらに、外来にも変化がありました。産後健診のママたちが来院したとき、コロナ禍はシーンと静まり返った中に赤ちゃんの泣き声だけが響いていましたが、少しずつママ同士が会話する声が聞こえるようになりました。やっぱり雰囲気が全然違います。

それを目の当たりにして、「仲間をつくること、そして仲間とコミュニケーションをとることは本当に大切だな」とあらためて思いました。

自分でストレスをつくり出していませんか?

綱渡りに使う綱のことを「タイトロープ」といいます。私はこれまでたくさんの妊婦さんやママと接してきて、このタイトロープの上に自分を置いている人が多いなと感じています。

「妊娠中はこうしなきゃ」「ママなんだからこうあるべき」、そして、そこから「外れちゃいけない」。そんな完璧主義が、自分でも気づかないうちにストレスのもとになっている可能性があります。

さらに、出産が近づいてくると周囲からストレスを受けることが増えるかもしれません。

39週くらいの妊婦さんに私は外来で「周りから何か言われていない？」と聞くことがあります。「まだなの？」「そろそろじゃないの？」……親や友達など、あちこちから電話やメール、LINEが来て、そんな言葉を浴びせられてしまうのです。本人は「予定日まであと1週間、もう少しだな」と思っていたのに、そんなことを言われたら気持ちが急いてしまい、外来で泣いてしまう妊婦さんもいます。周囲は悪気なく軽い気持ちで聞いたとしても、妊婦さんにとってはその言葉自体が本当にストレスなのです。

いつお産が始まるのか、まだなのか、それを一番知りたいのはママ自身ですよね。だから私は「そういう言葉は無視していいんだよ」とお伝えしています。

妊娠・出産・育児は綱渡りではありません。皆さんが今、そしてこれから歩むのはタイトロープの上ではなく、もっと幅の広い道。多少揺れても、少しズレても大丈夫です。

車の運転だって、ハンドルに多少の遊びがないとダメですよね。妊娠・出産・育児にも遊びがあっていいのです。少しズレても修正すればいいだけですから、どうか心配しないでくださいね。

しんどいときは夫に「助けて」のメッセージを

つわりのつらさは、経験のない人にはわかりにくいもの。特に男性には、つわりがどんな状態かわからないのは当然です。

でも、これからパパになる夫がそのつらさを理解してくれないと、ストレスも増大するでしょう。夫がお酒を飲む人であれば、二日酔いの苦しみがずっと続いていている状態を想像してもらうといいと思います。

そして、本当にしんどいときは、夫に「私を助けて」というヘルプメッセージを出すこと、「私は今、困っている」ということを伝えることが大切です。

例えば、つわりがきつくて食事の用意ができないとき。「今はごはんを作れないから、コンビニで何か買ってきて」ではなく、「ごはんを作れる状態じゃないから助けて」と言うこと。そうすると、夫が自分で考えて行動するようになります。「だったら俺が作るよ」と言う人もいれば、「じゃあ何か買ってくるよ」と言う人もいるかもしれません。それは夫の判断に任せましょう。

「買ってきて」と命令されると夫もカチンとくることがあるでしょうが、「困っているから助けて」なら自分で考えて行動してくれるはず。「助けて」と言われると、人は助けてあげたくなるものですからね。

はじめのうちは夫も何をしたらいいのかわからないかもしれません。「何をすればいいの?」と聞かれたら、自分の何を助けてほしいのか、今どうしてほしいのか、具体的にお願いすれば行動してくれるはずです。

最初から全部うまくいくことはないでしょう。でも、やってもらったことに文句を言う前に、まず「ありがとう」と感謝を伝えることが大事です。改善してほしいことがあるなら「ありがとう、助かった。次はこうしてくれるともっとありがたいな」という言葉で伝えましょう。

人は褒められると喜ぶ生き物。できたことを褒めて、感謝の言葉を素直に伝えられるようにならないと、育児や家事、そして夫婦関係さえもうまくいかないと思います。

家庭はひとつの社会でもあります。その社会をうまく動かすには、お互いが協力し合わなければなりません。これからは育児のパートナーにもなる夫に、上手に頼りましょう。

大事なことを伝えるときは夫の名前を呼んで

おなかの赤ちゃんに話しかけているうちに、お互いのことを「パパ」「ママ」と呼び合うようになるかもしれません。

それ自体は自然なことですから何も問題はありませんが、夫に家事などを頼むときは「パパ」と呼びかけてはいけません。「○○さん」「△△くん」と夫の名前を呼びましょう。

「パパ」は一般人称なので、たくさんいる中のひとりという認識ですが、自分の名前を呼ばれると無意識に「私に対してのメッセージ」と脳が集中します。第1章でお話ししたように、私が外来で「○○さん」と名前を3回呼ぶのは、実はそういう理由から。伝えたいことに集中してほしいからです。

名前を呼ばれたら「はい!」と反応します。今まで何回も何回も繰り返してきたことで、脳はそれを記憶する習性があります。だから、名前を呼ぶのと呼ばないのとでは大きな違いがあるのです。

もし、夫に伝えたつもりなのにうまく伝わらないと思うのであれば、実は伝え方がうまくいっていないのかもしれません。名前を呼ぶなど、ちょっとした言葉の使い方や工夫で効果は変わっていくと思います。

私は結婚式のスピーチを頼まれると、必ずこんな話をします。

「結婚当初は『○○さん』と名前で呼んでいても、子どもが生まれると『パパ』『ママ』になり、そのうち『ねえ』とか『おい』になって、だんだん名前を呼ばなくなります。でも、大切に思っている気持ちが伝わるのは相手の名前を呼んでこそ。それが夫婦をうまくつないでいくために大事なことですから、毎日じゃなくても、ときどきは名前で呼び合ってくださいね」。

名前を呼ぶのは大切なメッセージ。大事なことは「パパ」ではなく名前を呼んで伝えましょう。

ストレスが爆発する前にセルフコントロール

妊娠中には誰もが、さまざまなストレスを感じるもの。そのもやもやを溜め込んで爆発させないためには、負の感情と上手につきあい、発散する術を見つけることが大切です。いわゆる「セルフコントロール」ですね。

ストレスの原因が明確ならば、解決のためにアクションを起こす。あるいは、気分転換をすることも重要です。自然と接すると心が落ち着きますから、季節を感じることのできる公園に行って散歩するのもいいでしょう。ヨガをするのもいいし、上のお子さんがいるなら一緒に遊ぶのもいいセルフコントロールになります。

上の子がママにベッタリで気分転換にならない……そんなときは、子どもをちょっとハグしてあげて。子どもは親を映す鏡です。ママの不安が子どもに伝わり、子どもの不安がまた自分に戻ってくるという負のスパイラルを起こしやすいものですが、「○○ちゃん大好き」と抱きしめてあげることによって、お互いの気持ちが落ち着くはずです。

一方で、周りにいる人や物の力を借りながら、ストレスをコントロールできるようになるといいですね。ママ友を頼ってもいいでしょうし、医療機関で相談してもいいでしょう。とにかく、どこかで誰かに伝えることが大事です。

万が一、伝える相手がいなくてストレスが爆発しそうだったら、シェルターに逃げることです。

シェルターといっても大げさに考えることはありません。実は家の中にもシェルターはあるのです。それはトイレ。誰にも侵入されることのない場所ですし、そもそも排泄物を出すところですから、心の中に溜まったストレスの澱《おり》を出すのにも最適だと思います。

シェルターは子育て中も有効です。「ママ、ママ」と子どもに追いかけられてつらいときは、「ママ、ちょっとトイレに行ってくるね」とトイレへ逃げて、ひと呼吸。すっきりした気持ちで、また子どもと向き合いましょう。

グチを吐き出すときは文字ではなく口に出して

ストレスを発散することは大事です。ただし、友達などにグチをこぼすためにL

INEなどでやり取りをするのはおすすめしません。それは記録として残ってしまうからです。

私たちは目からの情報に8割依存しているといわれています。特に自分で書いた情報は脳が正しいと判断し、トレースする（＝なぞる）ことになるので、心の澱を出すためにやったことが、結局はより澱を溜め込むことになってしまう恐れがあります。

「うちのダンナがムカつく」「上の子が言うことを聞いてくれなくてイライラする」……LINEなどに気軽に書いたグチを冷静になったときに見返すと、「私、なんでこんなこと書いちゃったんだろう」と落ち込むかもしれないし、そんなふうに思った自分を責めたり、心が折れたりしてしまうかもしれません。

だから、ストレスを吐き出したいなら文字ではなく口に出して。友達にグチをこぼしたいなら電話が一番です。電話なら記録が残りませんし、口から出た言葉は消えてしまいますから。または、一緒にお茶を飲みに行って、ワイワイおしゃべりをして発散するのもいいでしょう。

シェルターであるトイレに逃げ込んだときもスマホなどに書き込むのではなく、言葉で口に出して。そして「ああ、すっきりした」とその場で終わりにすることが肝心です。

ちょっと意識してみてくださいね。

悪いことばかりに目を向けず、自分なりの幸せを探して

私たちの脳は、いいことと悪いことが起こっていると悪いほうしか見られないように設計されています。

今でこそ地球上で一番偉そうにしていますが、はるか昔のヒトの祖先は肉食獣の

エサでした。今みたいに歩きながらスマホなんて見ていたら、すぐ動物のごちそうにされてしまったことでしょう。そんなことにならないようにコソコソ隠れながら生きてきたわけですから、私たちの脳は自分にとって不利な情報をまっ先に見るように設計されているのです。

だから、ネガティブな情報が出てくるとそちらを見て、集中してしまいます。でも逆に、楽しいほうを見ていると、悪いほうには気がつきません。

例えば、ディズニーランドへ行くと楽しい気持ちになり、嫌なことは忘れていますよね。あれは魔法をかけているわけではなく、外の建物を見せないなど世界観にこだわり、現実を見せない・考えさせないようにしているからです。

今の時代、新聞やテレビのニュースなどは7割くらいがネガティブな情報ですが、私たちの脳はネガティブな情報に注目するように設計されているのだということとを理解したうえで、できるだけ楽しいほうに目を向けるようにすれば、楽しいことはたくさん見つかるはずです。

そんなふうに、脳を上手に使うことが大事なのです。

それでも「楽しいことなんてない」とおっしゃる方がいるかもしれません。うまくいかないときや嫌なことがあったときはそう思うかもしれませんが、今自分が置かれている立場を少し変えて考えてみるとどうでしょうか。

明日命があるかどうかわからない人は、朝起きて自分が今日も生きていることに感謝するはずです。それに比べて自分は？　昨今の世界情勢を見れば、今の環境がいかに恵まれているか、気づけるのではないでしょうか。

外に出て空を見上げてみれば、爽やかな青空が広がっていたり、美しい雲が流れていたりします。道端や公園にはかわいい花が咲いているでしょう。それらを見てきれいだと思ったら、それを見られない人・気づかない人より自分のほうが幸せだと感じられるはずです。

幸福度は自分で尺度を変えることができます。自分なりの幸せを上手に探していきましょう。

流産は決してあなたのせいではありません

妊娠22週未満でおなかの赤ちゃんが亡くなってしまうのが流産です。流産は15%くらいの確率で起こるといわれており、何かをしたからといって防げるものではありません。

流産や死産を経験した方の中には、自分を責めてしまう人も多いものです。実際、「私が何かしたからでしょうか？」と聞かれることも多々あります。でも、安静にしていれば防げるというエビデンス（＝根拠）はありません。だから私は「そういうことはほとんどありません」と答えています。

起こったことは宿命と思って、粛々と受け止めるしかないのです。

「重いものを持ったからじゃないか」「仕事をしていたからだ」「出かけたから」……周りからいろいろ言われたりすることもあるかもしれません。でも、それぞれ小さな要素にはなり得ますが、それが原因ではありません。

決して、あなたの行動が引き金ではありませんから、どうか自分を責めないでください。

私にも子どもが3人いますが、妻も流産を経験しました。流産の原因となる免疫異常がないかについても調べましたが、何も問題はありませんでした。産婦人科医をしている私でさえ「なぜ？」と思ったくらいですから、皆さんはもっと不思議に思うでしょう。

そんな方たちに寄り添えるように、私はいつも心がけています。

流産はとても悲しいことですが、もし次に妊娠をして無事に出産したときには、今回の経験があったからその子と出会うことができたと思えるはずです。

命は必ずつながっていく——流産を経験された方に、私はそう伝えています。

些細なことでも医療スタッフに気軽に相談して

妊娠中はさまざまな心配事が出てくるでしょう。医師や看護師に相談したいけれど、「こんな些細なことで……」とためらう人もいるかもしれません。

でも、ひとりで悩まず、どうぞ何でも相談してください。私は診察が終わり、

「次は4週間後ね」と言うときに、最後にもう一度「ほかに何かある？」と聞いています。「ここに来た以上は何を聞いてもいいんだよ」というスタンスを医療者側が提示することで、妊婦さんに安心してほしいからです。

何か気になっていることがあるなら、それを解決しなければクリニックに来た意味がないでしょう。不安やストレスの器をあふれさせないようにサポートしたいと、常に考えています。

もしも、「こんなこと聞いてもいいのかな？」と迷うなら、一度些細な質問をしてみるといいと思います。そのときに医師がどういう反応をするか、試してみてください。

面倒くさそうに答えるのか、ちゃんと丁寧に答えてくれるのか。そのうえで「この先生はダメかも」と思ったら、看護師などほかの医療スタッフに相談してみるという手もあります。

そして、私が最後に「ほかに何かある?」と聞くのは、相手に満足感を持ってほしいという思いのほかにも理由があります。

クリニックではどうしても医師の話がメインになり、妊婦さんが話すのは会話の2割程度です。でも、人は心理的に8割しゃべらないと満足しないといわれています。友達と話をして「今日はしゃべり足りないわ」と思うときは、たいてい相手が一方的にしゃべっているときです。

診察で医師の話が8割を占めると、質問の答えをもらった満足感はあっても、実は心理的には満たされていないことがあります。その状態で帰られては困る、だから「ほかに何かある?」と尋ねるのです。

一方的に「じゃあ4週間後ね」で終えてしまうと、妊婦さんは不完全燃焼かもしれません。でも、何かあれば質問することができるし、何も聞くことがなければ「自分の意志でこの場を去るのだ」と気持ちが切り替えられます。

相性のよい&信頼できる医療機関の選び方

産婦人科は妊娠前から出産後までを支えてくれる大切なパートナー。だからこそ自分と相性のいい、そして信頼できる医療機関を選びたいと思うでしょう。

では、どうすればそんな医療機関が見つかるのか？

まずはスタッフが笑顔で働いているかどうか。挨拶を先にしてくれたり、アイコンタクトをしっかりとってくれたりするかどうか。そのあたりをチェックしてみるといいでしょう。やりがいを持って患者さんと向き合い、楽しく仕事をしているスタッフがいれば、それだけで安心できるのではないでしょうか。

また、電話の応対も大きなチェックポイントです。電話では顔が見えないので、相手の〝素〟が見えることも。電話の応対でそのクリニックの雰囲気がある程度はわかると思います。中でも、最も素が見えるのは電話を切るときの対応。要件を済ませてもこちらからは電話を切らずにいるとき、相手が無言で切らず、「こちらから失礼いたします」などのひと言があれば、本当に電話応対もしっかりしている施設でしょう。

知り合いのクチコミも判断材料の一つになり得ます。友達や近所の先輩ママが「いいよ」という医療機関なら信頼できると思います。

ただし、ネットのクチコミはいい・悪いが五分五分。いい情報だけを信じて行ってみたら「え、違うじゃない⁉」ということもあり得るので、ネットでの評判は半分くらいの気持ちでとらえておいたほうがいいでしょう。

通い始めてから自分と合わない・相性が悪いと感じたら、医療機関をかえるのも一つの手ですが、分娩施設が限られてきた今の状況では難しい場合も。また、医療機関をかえるのは勇気のいることですし、転院先はもっと相性が悪かった……なんてこともないとは限りません。

そうなると、現状の中でどうするかです。相手が笑顔を見せてくれなかったり、アイコンタクトをとってくれなかったりするなら、自分からほほ笑みかけてみればいいと思います。

相手を変えようとするのではなく、まずは自分を変えていくこと。それによって相手も変わってくれるかもしれません。

妊娠期間は約10カ月。その限られた期間の中で、医療機関や医療スタッフと上手におつきあいができるようになるといいですね。

どこで産むかは「どんなお産をしたいか」しだい

出産をする施設には、「病院」「クリニック」「助産院」があります。それぞれの施設ごとに特徴があり、メリット・デメリットもあります。ここでおさらいしておきましょう。

●病院（大学病院や総合病院）

「安全」というところに一番重きを置いているのが病院です。産婦人科だけでなく小児科などの診療科があり、医療設備も充実しているので、分娩時の緊急事態にも速やかに対応してもらえるでしょう。

ただ、患者数もスタッフも多く、密なコミュニケーションはあまり望めないことも。食事などのサービス面にももの足りなさを感じたという声もあります。

●クリニック（診療所）

クリニックももちろん安全を大事にしていますが、病院と比べると設備やスタッフの人数など、規模が小さくなります。

そのぶん、バースプラン（妊婦さんが希望する出産計画）の自由度が高い、産後は個室でゆったり過ごせる、豪華な食事でママを労《いたわ》ってくれる、スタッフと密にコミュニケーションがとれるなど、サービスを充実させているクリニックが多いので、心地よく過ごせ、「安心」して産める場所といえるでしょう。

でも、いずれ分娩費用が保険適用となるなら、全国一律の公定価格になり、こうした差別化は難しくなるかもしれません。

●助産院

助産院はクリニックよりもさらに「安心」をモットーにしている傾向があります。規模が小さいので助産師との信頼関係が築きやすく、アットホームな雰囲気でお産ができます。

一方で、助産院は医療機関ではないので、医療行為ができません。緊急時は提携の病院へ搬送・転院となる可能性もあります。

自分はどんなお産をしたいのか、どんなことに重きを置くのか。それを考えて、受診する施設を選択しましょう。

「こうあるべき」という
完璧主義はストレスのもと。
夫に上手に頼り、ストレスを
発散しながら今の幸せ・楽しみを
見つけていきましょう

妊娠中はホルモンバランスの変化により、ストレスを感じやすくなります。ストレスの器があふれて爆発しないように、セルフコントロールしながら乗り越えましょう。

Column

「出生前診断」はその重みを背負う覚悟を

「出生前診断」（NIPT）は、妊娠期の女性の血液中に見られる赤ちゃん由来のセルフリーDNAを検査して染色体数異常を調べる検査です。血液採取だけで得られる結果なので、日本医学会・日本産科婦人科学会の認可を受けていない施設でも行われています。

女性には検査を受ける・受けないの両方の権利があり、選択の自由が認められています。どちらを選んでも間違いではありません。

ただし、結果によっては妊娠を中断することもあり得ます。倫理観や宗教観、人生観も関わってきます。

私たち医療者は「どちらを選択してもいいですよ」というニュートラルなスタンスなので、どちらを選んでもサポートしますが、選ぶ責任は自分たちにあるということはよく理解しておいてほしいと思います。

周りから受けるように言われて受けるなど、主体性のない状態で受ける検査ではありません。あくまで自分でやる、責任も自分でとるという気概で受けないと、後悔することに

Column

「出生前診断」はその重みを背負う覚悟を

なりかねません。

「周りもやっているから私もやろうかな」と気軽にやっていい検査ではないのです。

また、先天異常の1割ほどはこの検査でわかりますが、胎児スクリーニング検査をしていても残りの9割の多くは生まれてみないとわかりません。「検査で大丈夫だったから」と出産したら、非常に珍しい染色体異常だったというケースもあり、「検査までやったのに、なぜ……」とショックを受けてしまう方もいます。

だからこそ、この検査は安易に受けるものではない、慎重に行うべき検査だと私は思っています。

私はかつて、まだ羊水検査がようやくできるようになってきた頃に、遺伝相談の専門家の研修を受けたことがありました。その際、講師から言われた言葉があります。

「いずれこういった染色体異常の検査が普通に行われるようになる。今は話す必要はないが、そうなったときには必ず検査を行う両親に『検査した子どもが大きくなったときに出生前診断を受けたか聞かれたら、どう答えるか』考えさせる必要があるよ」

当時の私は、さすがにそこまで考えてもらわなくてもよいと思っていましたが、今は出生前診断も一般的に認知されつつあります。いずれ子どもが大きくなって「検査を受けたの？」と聞かれたら、実際に受けたのであれば「受けたよ」と答えるでしょう。「じゃあ、もし染色体に異常があったら、僕は（私は）この世にいなかったの？」「お兄ちゃんのときはしなかったのに、どうして僕だけ検査されたの？」などと聞かれたとき、親としてどう答えるか。そこまで考えておく必要があると考えます。

また、「自分の子どもを試してしまった」という気持ちが残らないとも限りません。以前、私が担当した妊婦さんで「どうしても羊水検査を受けたい」という方がいらっしゃいました。結果は染色体異常はありませんでしたが、妊娠8カ月の頃に暗い顔をして「この子を試しちゃったみたいで嫌なんです」と言うのです。

当時は大学関連病院に勤務していたので心理学の先生にカウンセリングをお願いするな

Column

「出生前診断」はその重みを背負う覚悟を

どして、無事出産に至りましたが、人の心の移ろいに戸惑った貴重な経験でした。

出生前診断は、あくまで先天異常がある「可能性」を調べる検査です。とてもセンシティブな決断をすることもあると理解しておきましょう。

もちろん私たち医療者は全力でサポートしますが、その決断は果てしなく重い、そして親はその決断を一生背負うことになるということを忘れないでください。

CHAPTER

第3章

How to be a Happy Mama

すこやかな マタニティライフのための 生活習慣

バランスよく食べて、しっかりかむのが基本

妊娠中は気になることがたくさん出てくると思います。食事、運動、体重管理、睡眠、胎教……「どうすればいいの?」「何が正解!?」と悩んでしまうこともあるかもしれません。

そこで、この章では皆さんの悩みを解消し、すこやかで楽しいマタニティライフを送るためのヒントをお伝えします。

まずは食事。妊娠中は炭水化物（ごはん、パン、麺など）、たんぱく質（肉、魚、卵、大豆など）、ビタミン（野菜、果物など）、ミネラル（海藻、牛乳など）をバランスよくとることが大事です。「体重が増えそうだから炭水化物を控えよう」などと考えて、糖質制限をすることは避けてください。

妊娠中は体が栄養を欲しているので、飢餓状態になると脳は入ってきたものを根

こそぎ吸収しようとしてリバウンドを起こしやすいのです。だから、少量食べてもどんどん太る……そんな悪循環に陥る可能性があります。

そして、食べ方も重要です。基本はよくかむこと。ひと口あたり30回かむことを目標にしてください。満腹感を得やすくなり、食べすぎを防ぐことにつながります。

よくかまずに一気に食べると血糖値がグッと上がります。それを一気に戻そうとしてインスリンが出るので血糖値がドンと下がってしまい、おなかがすいて間食に手が出てしまいます。だから、よくかむことはとても大事なのです。

ただ、「バランスのいい食事を」とはいっても、あまりストイックになりすぎなくて大丈夫です。本来は手作りするのが理想的ですが、仕事などで忙しいと自炊できない日もありますよね。場合によってはお惣菜を買ってきて食べることもあるでしょう。もちろん、それもＯＫです。ただし、出来合いのものは塩分が高めであることが多いので、塩分をとりすぎないように気をつけてください。
また、今後の検証が必要ですが、妊娠中に持ち帰りの弁当や惣菜の利用頻度が高い人は、産後うつ病疑いが出現するリスクが高いという論文も出ています。

ちなみに私は一日の食事を4、5回に分ける分割食を実践しています。
一日の摂取カロリーは同じでも、食事を小分けにすることで血糖値の急激な上昇を防ぎ、赤ちゃんにも効率よく栄養をあげることができるので、妊婦さんにもおすすめです。

「赤ちゃんの分と2人分食べなさい」などと言われることもあるかもしれませんが、さすがに2人分食べる必要はありません。基本的には14週未満なら自分が普段摂取しているカロリー＋50キロカロリー、14～28週未満なら＋250キロカロリー、28

週以降で450キロカロリー程度はOKです。ママの体+赤ちゃんへの栄養と考えましょう。

NG食材は食中毒や感染症予防のため

妊娠中はとってはいけないもの、できれば避けたほうがいいものがあります。アルコールはもちろんダメ。胎盤を通してアルコールが赤ちゃんの体内に入り、赤ちゃんの発達に悪影響を及ぼします。

刺し身や寿司を食べたいのであれば、外食は避けたほうがベター。食中毒のリスクがあるからです。どうしても食べたかったら鮮魚店などで買ってきて、すぐに食べるのが一番リスクが低いと思います。

妊娠中に食中毒になると、一番心配なのが胎内感染。赤ちゃんに感染が起こると死産に至ることが多いので、私たち医療者も恐れています。確率は非常に低いものですが、そういう可能性がないとも限りませんから、生で食べる刺し身や寿司はリスクが高いと知っておいてください。

生の肉も極力避けてください。トキソプラズマ症（トキソプラズマという寄生虫によって起こされる感染症）などに注意が必要なので、肉は必ず火を通して食べること。生ハムやローストビーフも避けたほうが安全です。

カフェインは、一日3杯くらいまでならあまり問題はありません。ただし、妊娠後期になったら夜にカフェインをとるのはやめたほうがいいでしょう。カフェインで赤ちゃんが興奮して、かなり活発に動くようになるからです。日中であれば激しい胎動もあまり気にならないかもしれませんが、夜寝ているときに激しく動くとママが眠れなくなってしまいます。

もしコーヒーを飲みたいのであれば日中にして、夜は麦茶にするなど、ちょっと工夫してみてください。

一方、ノンカフェインでよく妊婦さんに勧められるルイボスティーも、ポリフェノールが多く含まれています。妊娠後期に大量に摂取すると、胎児の動脈管が早期に閉じてしまう「胎児動脈管早期収縮」を起こす可能性があります。一日にとる量はコップ1～2杯にしましょう。

インターネットなどで調べると、「食べちゃダメ」「食べなくちゃダメ」とさまざまな情報が出てきます。例えば「マグロには水銀が入っている」「ひじきにはヒ素が含まれている」「鰻はビタミンAを多量に含んでいる」……いろいろなことが書かれていますが、そんなにたくさん食べなければまず心配ありません。普段、私たちが食べているものに関しては、あまり神経質にならなくても大丈夫です。

妊娠中〜授乳期まで大切なビタミン「葉酸」

「妊娠中は葉酸を摂取することが重要」と見聞きした人もいるでしょう。では、なぜ葉酸が必要なのでしょうか。

妊娠中の葉酸の摂取目的は、先天性の神経管の異常（無脳症や二分脊椎など）の発症リスクを低減するためですが、葉酸自体は私たちの体の代謝（ＤＮＡの合成など）に関わっているものなので、ママのおなかの中に約10カ月いる赤ちゃんは葉酸を大量に必要とします。だから妊娠中の葉酸の摂取は必須であると考えてください。

赤ちゃんが小さく生まれる「胎児発育不全」、妊娠中に高血圧を発症する「妊娠高血圧症候群」、分娩前に胎盤がはがれてしまう「常位胎盤早期剥離」、37週未満で出産となる「早産」などの疾患に関しても、葉酸をとっているだけでかなり予防ができるという論文が国内外で発表されています。

本来は妊娠前（妊活中）から葉酸を摂取しておくのが理想的ですが、妊娠中からでも遅くはありません。つわりでとれない時期を除いては、気づいたときから摂取するようにしましょう。

葉酸は食事にプラスしてしっかり補うのが◎。でも、実際にサプリメントでとり続ける人は少ないのが現状です。

葉酸は本来、植物に多く含まれるビタミンB群に属しています。天然界には「ポリグルタミン酸」といって、2つの分子がくっついた形で存在しています。それを分解してから吸収することになるので、どうしても吸収の効率が悪くなります。

それに比べてサプリメントは「モノグルタミン酸」といって、最初から分離した状態にしてあるので吸収がいいのが特長。だから私たちはサプリメントでとることをおすすめしています。

とはいえ、サプリメントも多種多様。どれを選べばいいのか迷ってしまうかもしれません。実際、当院でも不安になった患者さんから「このサプリは本当に大丈夫ですか？」と相談されたこともありました。

海外製品などには、効果がほとんどないものもありますので、できるだけ国産のもの、製薬会社など信頼できるメーカーのものを選んだほうがいいですね。ネットのクチコミで高評価だから、友達から勧められたから、というだけの理由で安易に摂取するのは避けたほうがいいかもしれません。

心配であれば、一番いいのは医療者に聞くことです。通っている産婦人科の医師や医療スタッフに相談しましょう。

また、葉酸は生まれた後の赤ちゃんにも大きな影響があります。妊娠中の葉酸摂取により、自閉スペクトラム症や川崎病のリスクが低くなるとする報告も出ているのです。

そしてママだけではなく、パパの葉酸摂取も勧められています。アメリカでは穀類に葉酸添加を義務づけたところ、神経管閉鎖障害だけでなく脳卒中や認知症、心血管疾患などの予防効果が証明されています。

葉酸というのは、とても大切なビタミンなんです。

妊娠中のダイエットは百害あって一利なし

妊娠中の体重増加も気になるポイントだと思います。基本的には、もともとの体重＋10㎏くらいまではＯＫです。1カ月で1㎏増加くらいを目安にするとわかりやすいかもしれませんね。

太りすぎると体への負荷が増えるので、妊娠高血圧症候群を起こしやすくなったり、お産に時間がかかったり、産後の体形の戻りも悪くなったりします。そういったデメリットがあることを知っておいてください。

もともと細い方、逆にぽっちゃりの方もいらっしゃるので、基本的にはBMI（Body Mass Index＝身長と体重から算出される体格を表す指標）を算出し、そこから適正な体重増加を考えていきます。

当院では、BMIが18未満のやせすぎの方には「プラス10kg＋αまでOK」、BMIが35を超えるふくよかな方には「プラス7、8kgくらいに抑えましょう」とお話ししています。

「赤ちゃんが生まれても細くてきれいなママでいたい」と思う方もいらっしゃるかもしれませんが、妊娠中のダイエットにはいいことが1つもありませんから、決してやらないでください。妊娠中に食事を抜いたり、極端に体重を減らしたりすると、おなかの赤ちゃんに必要な栄養が足りなくなり、低出生体重児になる可能性が高くなります。低出生体重児はさまざまな合併症のリスクが高いだけではなく、成長や発達が遅れたり、感染症にかかりやすかったりするのも事実。

また、低出生体重児として生まれた子は、大人になってから高血圧症や脂質異常などのほか、糖尿病に罹患する確率が高くなるという調査結果もあります。胎児のときに栄養が足りないせいでインスリンの分泌量が落ち、生まれたあとに糖尿病になる状況をつくってしまうことがあるのです。それを避けるためにも、妊娠中のダイエットは禁物です。

赤ちゃんはママのおなかの中で生まれるための準備運動をしているわけですから、体重管理に関しては赤ちゃんのことまで考えて行ってほしいと思います。

適度に体を動かして代謝アップ！

妊娠中は体を動かして代謝を促すことが大事です。活発に動くことによってホルモンの出方も違ってきます。私たちの体は代謝することによっていろいろなところに刺激がいくようになっていて、動かないとそれぞれの機能が落ちてしまいます。普段あまり運動をしないという人も、妊娠中はできるだけ意識して体を動かすようにしてほしいと思います。

妊娠中の運動は、医師から特に制限されていなければ、基本的には問題ありません。

真夏や真冬、雨の日に無理をして屋外で運動する必要はありませんが、家の中でも体は動かせます。運動ではなく掃除をするだけでも、体を動かせて家もきれいになって一石二鳥です。

スクワットや階段の上り下りもよいのですが、頑張りすぎると膝の靭帯などを痛めてしまうことがあるので注意しましょう。

スクワットのための時間が惜しいという方には「歯磨きスクワット」がおすすめです。歯磨き中にスクワットをする〝ながら〟運動なので、時間も有効活用できて◎。私も実践中です。

また、個人で行う運動もいいのですが、マタニティビクスなど集団で行う運動にはメンタル面でも効果があります。

当院にもマタニティビクスやマタニティヨガなどのフィットネスプログラムがありますが、コロナ禍は休止していました。そのときは出産後の「エジンバラ産後うつ病質問票」が悪化しましたが、マタニティビクスを再開したあとは改善したのです。やはり共通項を持った仲間がいるというのは大切なことだなと、改めて認識しました。

マタニティビクスに限らず、医療施設や行政が行っているパパ・ママクラスや育児イベントなどに参加することが精神面にもよりよい影響を与えてくれますから、積極的に参加しましょう。

マタニティビクスなどをやっている方は、陣痛が来てからお産まで早く進むことが多いように感じます。例えばあぐらをかくなどすれば、それだけでも骨盤が開くようになるので、普段からやっておくのもいいですね。

妊娠10カ月になったら、積極的にウォーキングを。歩くことで赤ちゃんが下がってくるし、子宮の入り口なども柔らかくなりやすいのです。お産までしっかり体を動かすことが大切です。

ただ、おなかをひねるような運動や、膝に強い負荷をかけるような運動はやめたほうがいいでしょう。ストレッチをしっかりやったうえで安全に行っていただきたいので、自己流ではなく、インストラクターの適切な指導を受けながら運動することをおすすめします。

つらい腰痛は腹帯や骨盤ベルトでケア

妊娠中は普段の体重の4倍ほどの負荷がかかるといわれています。そして、私たちは腹筋と背筋の両方で姿勢を保っていますが、おなかが大きくなってくると腹筋がどんどん伸びてしまうので、背筋にかかる負荷が大きくなります。

ですから、どうしても腰痛が起こります。妊婦さんのほぼ全員が腰痛を経験することに。普段からサポータータイプの腹帯や骨盤ベルトなどを使って、横の動きやねじれをできるだけ防ぎ、骨盤を固定して背筋への負担を減らしましょう。

腰痛がひどいと、整体に行ってなんとか痛みを緩和したいと思うかもしれません。でも私は、妊娠中は避けたほうがいいと思っています。

今はマタニティ整体やソフト整体などがあり、「妊婦さんでも大丈夫」などといわれていますが、力の加減は個々に差があります。妊娠・出産で靭帯が緩んできているところに過度な力を加えると、腰痛が悪化してしまうこともあるのです。

実際、当院にも、整体に行ったためにかえって腰痛がひどくなってしまったという方がいらっしゃいました。その方は整体に行ったあと、2週間くらいまったく動けなかったそうです。

整体に頼りたくなる気持ちも理解できますが、妊娠中は最大限の考慮が必要。我慢できるならば、産後1カ月半くらい経ってから、産後の自分へのご褒美として行くのがいいのではないでしょうか。

眠りが浅くなるのは、体が産後の準備をしているから

妊娠によるホルモンバランスなどの変化は睡眠にも影響します。

妊娠中期くらいになると、夜中に何度も起きてしまったりすることがよくありますが、それには理由があるのです。

私たち人間はもともと、犬や猫のように一日に何度も寝たり起きたりする「複眠」動物でした。でも、それでは効率が悪いので、進化の過程で自らを夜に寝て昼間に起きる「単眠」動物に変えてきたと言われています。

しかし、生まれたばかりの赤ちゃんは昼も夜も関係なく、ちょっと眠っては起きておっぱいやミルクを飲み、また眠って……を繰り返します。そしてママは、そんな赤ちゃんのお世話をしなければなりません。

単眠動物の特徴である深い眠りをとってしまうと、夜中に赤ちゃんが泣いてもマ

マは起きられない。だから妊娠中から眠りを浅くして、産後はいつでも起きられるように準備しているのです。

妊娠中、寝ている途中で頻繁に目が覚めてしまったり、眠れなくなったりしてしまうのは仕方のないこと。早い人は妊娠初期から、妊娠中期以降になると多くの人がそのような状態になりますから、昼寝をするなどして睡眠を確保するようにしましょう。

昼寝をする場合は、1時間も寝てしまうと脳が眠りのモードに入ってしまうので、できるだけ短時間にすること。ベストは15分、長くても30分以内の睡眠をこまめにとるのがいいと思います。

細切れの睡眠をとるだけでも、疲労感はぐっと軽減されます。

また、私たちは体内時計を持っています。その体内時計を決めるのは朝の時間帯。だから、できるだけ朝起きる時間を一定にして、起きたらカーテンを開けて日の光を浴びるようにしましょう。

日光を浴びると、気持ちや体調の安定に深い関わりのある神経伝達物質、セロトニンが分泌されます。それが夜のスムーズな眠りにも欠かせないのです。

最も深い眠りがとれるのは22時～翌1時くらいまで。その3時間をしっかり眠ることができれば、質のよい睡眠がとれると思ってもいいでしょう。就寝は22時～23時くらいの間、そして起きるのは6時頃。その間で目が覚めたとしても、ほぼ理想的な睡眠時間が確保できるのではないでしょうか。

そんなふうに睡眠リズムを一定にして生活をすると、産後の赤ちゃんとの生活もスムーズにスタートできると思います。

一方、男性は赤ちゃんが生まれても睡眠のリズムが変わりません。単眠動物のままですから、赤ちゃんが泣いてもガーガー寝ていることが多いようです。

それを見て「私が夜中に起きて授乳しているのに、隣でいびきをかいて寝ているなんてあり得ない！」と思うかもしれませんが、私は断言します。男はまず起きません（笑）。

30年ほど前のことになりますが、私にも失敗談があります。

朝起きて、子どもがすやすや寝ているのを見て「昨夜は静かだったね」と妻に言った瞬間、なにやら不穏な空気を感じました。

あわてて部屋の中を見たら、ベッドの下におむつが山のようにあったり、着替えさせたのであろうベビー服が置いてあったり……。そこから推測して「ご苦労さまでした！」と妻を労ったことが何度かありました。

ちなみに妻は夜中、何度か私の鼻をつまんだそうです。こんなに子どもが夜泣きしているのに、どうして起きないんだろうって。鼻をつまんでも起きないので、妻は「男ってそういうものなんだ」と割り切って、諦めたと言っていました。

胎教や早期教育よりも、ママとパパの話しかけが大事

子どもをしっかり育てたいと考えて、胎教や早期教育に力を入れる方もいるでしょう。でも正直、私はあまり意味がないと思っています。

赤ちゃんの言語中枢ができるのはまだまだ先、生まれてからです。

赤ちゃんは最初のうち、すべての言語を理解できるそうですが、そのうち取捨選択をして、一番よく聞いている言葉を理解するようになります。ほかの言語を理解しようとすると、本来一番大事な言語能力が落ちてしまうので、捨てていくのです。

だから、おなかの中にいる赤ちゃんにとっては英語でも日本語でも単なるノイズでしかありません。言葉自体がわかるのは生まれてからのことだと思って、あまりこだわらなくてもいいのではないでしょうか。

ただ、赤ちゃんへの話しかけや音楽を聴かせることは大事だと思います。おなかの赤ちゃんは、28週頃になると外からの音の刺激に反応するように動きます。聴力は妊娠初期からありますが、ちょうどこの頃、脳が発達して聴覚が目覚めるといわれているからです。

おなかの中には子宮という壁があり、赤ちゃんは羊水の中にいますから、私たちが今聞いている音と同じではないでしょうが、周波数は感じ取っています。ママのおなかの中が赤ちゃんにとっては一番のセーフティゾーン。おなかの中で聞いていた周波数が生まれたあとも聴こえてくれれば、赤ちゃんは安心することでしょう。

ママの声はもちろん、パパの声もしっかり聴かせてあげてください。決して怒鳴ったりしてはいけません。やさしく話しかけてくださいね。

ママとパパがたくさん話しかけてあげると、これがママの声、これはパパの声などという理解はできないまでも、おなかの中にいるときに感じた周波数をキャッチして、泣きやむことがあります。赤ちゃんにそういった記憶を残しておくという意味でも、話しかけは大事。妊娠中はもちろん、生まれたあともしっかり話しかけをすると、とってもいいと思います。話しかけが苦手なら、生まれたあとに読んであげたい絵本や子守歌を聴かせましょう。

出血やおなかの張りがあれば主治医に相談を

妊娠初期は、出血やおなかの張りだけでは、順調なのかどうかの予測がまったくつきません。むしろ流産は、何も症状がないのに診断がついてしまうことも多々あります。

とはいえ、おなかの張りや出血などがあれば心配だと思いますので、そういった症状があるときは、主治医に相談して指示を仰いでください。おりものの増加を伴う周期的なおなかの張りや、生理のように流れ出るような出血や、生理痛を超えるような強い痛みがある場合は、受診を前提に連絡するのがいいでしょう。

医師に「切迫流産」「切迫早産」と診断されることがあるかもしれません。でも、安静にしたからといって切迫流産や切迫早産を防げるというエビデンスは残念ながらありません。

何をしたからという因果関係はなく、起こるものはどうしても起こってしまう。私は医師になって約40年たちますが、早産などの頻度は全然変わってはいないのです。いろいろな検査や薬もありますが、内服の切迫早産治療薬もほとんど処方しません。結局どうしても防げないことがあるというのが現実です。

皆さんのおなかは100%張るようにできています。日常生活に関しては、上のお子さんがいる場合は特に、安静にするのはなかなか難しいですよね。日常生活は普通に過ごして構いません。

マタニティハラスメントは許しちゃダメ！

今の時代は、妊娠がわかってからも働き続ける女性が多数。そこで悩むのが「職場でいつ、どのように伝えるか」です。

私は、赤ちゃんの心拍が見えてくれれば、いつ伝えてもいいと思います。前述のとおり、安静にしたからといって流産を防げるわけではないので、無理をせず、つわりなども なく体調がよければ通常どおり仕事をして構いません。

逆に、つわりがあれば、職場の人たちにもわかってしまう可能性がありますから、タイミングを自分で判断して職場に伝えましょう。もし職場に話しやすい上司や仲のいい同僚がいるなら、まずはその人にだけ先に伝えておいてもいいかもしれません。

近年はマタニティハラスメント（＝妊娠・出産を理由として嫌がらせや不当な扱いを受けること）が社会的問題になっています。

マタハラは労働基準法に違反する行為です。もし職場でマタハラを受け、会社に相談しても改善の見込みがないようであれば、我慢する必要はありません。迷わず労働基準監督署に相談してください。

私が診ていた妊婦さんにも、マタハラの被害に遭っている方がいました。会社に「母性健康管理指導事項連絡カード」を提出しているにもかかわらず、「診断書がないとダメだ」と上司に言われたそう。「診断書は余計にお金もかかるのに、それはおかしい」「労基に相談したほうがいい」という私のアドバイスを受けたあと、労基に相談に行ったら、すぐに職場に労基の指導が入ったそうです。その後、その方の職場では診断書の追加は不要になりました。

とにかく社会からマタハラをなくさなくてはいけません。そのために法律もあるわけですから、それをしっかり使って、泣き寝入りしないようにしてください。マタハラに困ったら労基案件だと思って、録音などの証拠を残すことが大事です。

会社を敵に回して仕事を失いたくないと思うかもしれませんが、働く場所はそこだけではありません。別のよりよい職場を探すという選択肢もありますから、業務のことや同僚のことはこの際考えずに、まずは自分の心身を守ることを最優先しましょう。

マタハラを受けることなく妊娠・出産を受け入れてもらえたとしても、今度はつわりや体調不良で休むのが申し訳ない……そう思って心苦しくなってしまう方もいるかもしれません。

でも、そういうときは周囲に甘えましょう。だって、どうしようもないわけですから。目の前に困っている人がいれば助けるのが人間です。助けてくれた気持ちをありがたく受け止めて、いつか自分がどこかで返していけばいいのです。

恩を受けた人に直接返せないとしても、ほかの人にどこかで返すことができれば「ありがとうの循環」が起こります。ギブ&テイクではなく、ギブ&ギブ。みんながギブ&ギブの気持ちで行動すれば、自分に何かしてくれた人のところにも巡り巡っていいことが起こるのではないかと私は思っています。

しんどいときは甘えてもいい。そのかわり、復帰したときに仕事を手伝って恩返しする、ほかの人に返すなど、いろいろなやり方があります。あまり恐縮しなくてもいいと思いますよ。

マタ旅は行き先や移動手段をしっかり検討して

妊娠中の思い出づくりをしたいと考える方もいるでしょう。最近は「マタ旅（＝マタニティ旅行）」などという言葉もあり、「赤ちゃんを迎える前に夫婦2人で旅行に行きたい」と願う方が多いようです。

妊娠5カ月以降で妊娠経過に問題がなければ、旅行をしてもいいと私は考えます。ただし、行き先は海外ではなく国内にしましょう。何かあっても自己責任だということを理解したうえで、です。

そして、①できるだけ近場にすること、②できるだけ公共の乗り物を使うこと、③医療機関が近くにあるところを選ぶこと、④ゆったりとした時間を過ごすこと、この4つを心がけていただきたいと思います。

国内ならば安心だと考える方も少なくありませんが、旅行先の医療環境についても気にかける必要があります。

例えば、旅先として人気が高い沖縄ですが、旅行に来た妊婦さんの具合が悪くなり、現地の病院に入院して早産で赤ちゃんが生まれる。そうすると小児科のベッドを塞いでしまうことになり、沖縄在住の妊婦さんが同じような状態になったときに地元の病院に入院できず、鹿児島などの病院に自衛隊の飛行機で搬送される……。現実にそういうことが起こっているのです。

マタニティ期の思い出づくりとして旅行に行きたいという気持ちは否定しませんが、ほかの人のことを思って行動することが大事。行き先を検討する際は、そうしたことにも意識を向けてほしいですね。

車での移動も絶対にダメというわけではありませんが、移動が長距離になるのであれば飛行機や新幹線など公共の乗り物を使ってほしいと思います。移動時間が短く済むし、事故のリスクが少ないからです。

また、近年は地震や台風、大雨などが頻発していますが、自然災害はいつどこで起こるかわかりません。もし長距離を移動するのであれば、車内や手荷物に食料と水、携帯トイレ、ブランケットは必ず入れておきましょう。

被災地ではサービスエリア、コンビニなどが閉鎖になってしまう可能性もあるので、携帯トイレは必需品。旅行のときだけでなく、常日頃からそうした準備をしておくと安心です。

これらのことを総合的に考えて、自身の体調と相談しながら、旅行するかどうかを判断していただきたいと思います。

スキンシップや会話でコミュニケーションを密に

夫婦で楽しめることは旅行だけではありません。私は夫婦で一緒に散歩することをおすすめしています。

その際は手をつないで歩くこと。夫に「パートナーがいる」という実感を持ってもらうためにも、ふれ合うこと＝スキンシップはとても大事です。

妻は「自分ひとりで頑張らなくちゃ」という気持ちがあると不安になってしまいます。だからこそ、夫が「俺もいるぞ」と安心感を与える必要があります。できるだけ手をつないだり、「行ってらっしゃい」のハグをしたり。おなかの赤ちゃんにも「仕事に行ってくるよ」と声をかけるなど楽しいアクションができるといいですね。

また、出産が近づいている時期や上にお子さんがいるような場合は、どうしてもお互いを「パパ」「ママ」と呼ぶようになってしまうでしょう。

でも、名前を呼び合うと親密感や安心感が湧きます。恋人時代を思い出して、ぜひお互いを名前で呼んでくださいね。

そして、何よりも大切なのは会話をすること。

今の時代はついスマホに夢中になってしまいがちですが、お互いに今日の出来事を話したり、妻から「赤ちゃんは今日、こんなふうに動いたんだよ」などと報告したりして、コミュニケーションをしっかりとるようにしましょう。

妊娠中はママ・パパになる準備期間。これから始まる子育てにおいて協力し合える関係になるためにも、今のうちから夫婦のコミュニケーションを大事にしてください。

食事、運動、体重管理……。
やるべきことはいろいろあれど
ストイックになりすぎなくてＯＫ！
夫としっかりコミュニケーションを
とりながら、ママ・パパになる準備を

「食事はすべて手作りで」「体調が悪いけれど仕事があるから
頑張らなくちゃ」……そんなふうに、すべて完璧を目指す
必要はありません。それよりも今だけの貴重な時間を楽しんで。

Column

妊娠中の体の変化を知っておこう

妊娠してから、ママの体は少しずつ変化していきます。これから先、自分の体と向き合うためにも、体がどんなふうに変わっていくのか予習しておきましょう。

※妊娠週数は、最終月経開始日を妊娠0週0日と数えます。

●妊娠2カ月（4～7週目）

月経が1週間以上遅れている、基礎体温が高い状態が続いているなど、妊娠の兆しがある頃。市販の妊娠検査薬を試して陽性反応が出たら、産婦人科を受診して。早い人ではつわりが始まることもあります。1割程度の方が出血を経験して、おりものに血が混じることがありますが、ほとんどは心配ありません。

●妊娠3カ月（8～11週目）

子宮の大きさは握りこぶし大に。つわりはこの時期がピークになります。おなかがすくとつわりが悪化しやすいので、食べたいときに好きなものを口にして。

ただし喫煙はNG。アルコールもこの時期までにはやめることをおすすめします。

Column

妊娠中の体の変化を知っておこう

●妊娠4カ月（12～15週目）

子宮は幼児の頭くらいの大きさになり、おなかのふくらみが少しずつわかるようになります。つらかったつわりはほぼ終わり食欲が出てくるので、急激な体重増加には気をつけて。流産のリスクも下がるので、そろそろ出産場所を確定し、出産までの過ごし方や出産方法について夫と話し合っておきましょう。

●妊娠5カ月（16～19週目）

胎盤が完成し、「安定期」と呼ばれる時期に入ります。子宮は大人の頭くらいの大きさになり、おなかのふくらみも目立ってきます。早い人では妊娠5カ月の終わり頃から「胎動」を感じるように。医師の指導のもと、マタニティビクスなどの運動で積極的に体を動かすのが◎。お産や育児の知識が得られる母親学級や両親学級などにもぜひ参加を。

●妊娠6カ月（20～23週目）

体調や気分が落ち着いてくる時期。ただ、大きくなった子宮が血管を圧迫して血行が悪くなるので、痔や静脈瘤などのトラブルが出やすくなります。

また、ホルモンの影響で歯周病菌が増殖しやすくなる時期です。歯周病が悪化すると低体重児のリスクが高まるといわれているので、今のうちに歯科治療を受けておきましょう。

●妊娠7カ月（24～27週目）

おなかがぐんと大きくなってくる時期。おなかが胃を圧迫するので、胃もたれや胸やけを感じることがあります。また、血流量が増加するので貧血になる人も。なるべくゆったり過ごすようにしましょう。おなかが張る、おりものに血が混じっているというときは、早めに主治医に相談してください。

●妊娠8カ月（28～31週目）

おなかが大きくなり、足元が見えにくくなります。転びやすくなるので、段差や階段には注意してください。腰痛や便秘も起こりやすくなります。寝ている途中で目覚めたり、なかなか眠れなくなったりすることがありますが、それは子育ての準備をしているから。寝

Column

妊娠中の体の変化を知っておこう

不足でつらいときは、昼寝をするなどして睡眠を確保しましょう。

●妊娠9カ月（32～35週目）

子宮が大きくなり、胃が圧迫されて一度にたくさん食べられなくなったり、動悸や息苦しさを感じたりすることも。臨月になり、子宮が下がってくると少しラクになるので、あと少しだと思って乗り切りましょう。お産や育児への不安が強くなる時期ですが、なるべくリラックスして過ごしてくださいね。

●妊娠10カ月（36～40週目）

出産に向けて赤ちゃんが骨盤のほうに下がってくるので、胃への圧迫感が減り、ラクになります。そのかわりに骨盤が緩むので、脚のつけ根や恥骨のあたりに痛みを感じることも。「前駆陣痛」といって、おなかが張って痛むこともあります。

いつ生まれてもおかしくない時期なので、陣痛や破水があったらすぐに病院へ。家族との連絡手段は事前に確認しておきましょう。

CHAPTER

第4章

How to be a Happy Mama

満足のいく お産にするために 知っておくべきこと

どんな分娩方法でも、ママと赤ちゃんが無事なら「安産」

私は「安産」という言葉を使いません。なぜなら、ママと赤ちゃんがともかく無事であれば、すべて「安産」だと思うからです。

お産には、大きく分けると「経腟分娩」と「帝王切開」があります。さらに経腟分娩は「自然分娩」と呼ばれる医療が介入しない分娩と、薬剤などによる陣痛促進、吸引分娩や鉗子分娩、無痛分娩などの「医療介入分娩」に分けられますが、分娩方法に「正しい」「正しくない」はありません。

吸引分娩や帝王切開など、お産のプロセスが自分の意に沿わないことになったとしても、ママの体と生まれた赤ちゃんが無事であれば何も問題はないのです。

お産がラクだった、短時間で生まれた……それが「安産」というわけでもありません。赤ちゃんに「生まれてきてくれてありがとう」と言えるような状況になることが「安産」だと私は思っています。

お産に100点以下はない!

私はこれまで2万人ほどのお産に立ち会ってきましたが、赤ちゃんが生まれてママが一番いい顔をした瞬間、「よいお産だったな」と思います。

ママの顔は満足そうに輝いています。2人目以降の出産であっても、赤ちゃんを産めばさらに母らしい顔になっていくものです。そういう姿を見るたびに、女性が主体となり、自身が満足するお産を提供するために私たちが存在するのだと実感します。

ときには「自然分娩で産みたかったのに、帝王切開になってしまった」と落ち込んだり、自分の思い描くとおりにいかなかったことを「自分のせいじゃないか」と責めてしまったりする方もいらっしゃいます。

でも、どんな分娩方法でも、そこに優劣はありません。だから私は「赤ちゃんは今あなたの手元にいるんだから、これでＯＫだよ」と伝えています。

ママが頑張ったお産に１００点満点以外はありません。私はよく「１２０点だよ！」などと言いますが、どうかママ自身も頑張った自分に１００点以上をあげてください。そして自分に自信を持ってください。

そうすれば、この先の育児もポジティブに考えられるようになるはずです。

助産師が全力でお産をサポート

お産に向けて不安でいっぱいの妊婦さんに寄り添うのが助産師です。

基本的に、お産が近くなってくるとつきっきりになることもありますから、助産師とママのコミュニケーションはとても大事です。

当院には助産師が十数人おり、助産師外来もあるので、助産師とコミュニケーションをとりながら意見を聞いたり、アドバイスを受けたりすることができます。お産のプロとしての数々の経験から積極的な助言が受けられるのは、ママにとっても心強いと思います。

私は医師とはいえ男性なので、どうしても相談しにくいことや話しきれないことが出てくるかもしれません。そういうときは同じ女性である助産師に対応してもらい、しっかり話を聞いてもらうようにしています。

今は病院でも助産師外来を設けているところがありますが、より密なコミュニケーションがとれ、細かい融通がきくのはクリニックのメリット。医師と協力しながら助産師が全力でサポートしますから、安心してください。

パパの立ち会い、大歓迎！

立ち会い出産をするかしないかは夫婦の考え方しだいですが、私はぜひパパに立ち会ってほしいと思います。

男性にとっては自分の子どもでもあるわけですから、妻がどれだけしんどい思いをして自分のために頑張っているのか、その姿を見ずに手元に赤ちゃんを抱いているのにはちょっと納得がいかないところがあります。

男性も一緒に家族をつくっていくことが大事だと考えているので、当院では可能な限り立ち会いをおすすめしています。

スタッフは「パパ、ちゃんと腰を押してあげて」「パパも頑張って！」などと声をかけて、戸惑うパパをサポートしています。皆さん、本当に一生懸命手伝っているし、「立ち会ってよかった」とおっしゃる方もとても多いものです。

ママにとっても、そばに夫がいてくれるのは心強いはず。だから出産に立ち会うだけでなく、陣痛が来ているときから一緒にいてもらうようにしています。

立ち会い出産は家族にとって大切な瞬間。でも、コロナ禍には立ち会い出産がかなわなくなりました。私たちがやってきた分娩スタイルを否定されたようでさびしい気持ちになりましたが、パパがいることはとても大事だなとあらためて思う機会でもありました。

もちろん、中には立ち会い出産を希望しないご夫婦もいます。夫が「立ち会いたくない」というケースもあれば、妻のほうが「お産で必死になっている姿を見せたくない」というパターンもあります。
立ち会い出産に関して夫婦で希望が割れた場合は、基本的にはママの希望を優先します。そのかわり、パパにはいつ入ってもらったらいいかを先に確認しておきます。「出産後、縫合なども終わって、赤ちゃんを抱っこしているときに入ってほしい」など、ママの望むタイミングでパパと赤ちゃんが対面することになります。

ただ、出産後すぐに赤ちゃんとママがスキンシップをとる「早期母子接触」も大事ですが、私は赤ちゃんとパパがふれ合う「早期父子接触」も重要だと考えています。なるべくパパにもふれさせてあげたいと思うので、できるだけ早く、生まれた赤ちゃんに会ってもらうようにしています。

生まれたばかりの赤ちゃんの小ささ、頼りなさ、そして命の輝き――。それをぜひ夫婦で実感し、新しい家族のスタートを切ってほしいですね。

お産では妻が「主」、夫は「従」と心得て

陣痛で苦しんでいるとき、「パパがまったく役に立たなかった」「むしろ邪魔だった」などという残念な声を聞くことがあります。

パパだって一生懸命やっているはずです。でも、何をどうすればいいのか、教えてもらわないとやり方がわからないのです。

だからママはどんどん具体的なリクエストを伝えてください。「腰を押して」「飲み物を買ってきて」、このときばかりは遠慮なく夫をしもべとして使ってOKです（笑）。

そして夫は「僕ができることを言って」と指示を仰ぎ、それをしっかり実行すること。言われたことには「はい」と素直に従って、妻に寄り添うことです。

特に初めての出産の場合、男性が自分で考えて行動するのはなかなか難しいは

ず。逆に「こうしようか？」なんて余計なことを言われると、ママも「もう放っておいて！」となりかねません。

また、スマホを見ながら付き添うのは絶対にやめてください。以前は記録用に撮影するのはビデオが主流でしたが、今はスマホです。でも、スマホを持ち込んでいると、どうしても気になって見てしまう……。これはママの怒りを買う可能性があるので、スマホを持ち込むパパは気をつけてください。「私が苦しんでいるときにスマホ見てたよね」と、一生チクチク言われてしまうかもしれません。

私にも失敗談があります。１人目の子どもの出産のとき、陣痛は始まっていたものの「まだすぐに生まれるわけじゃないから大丈夫だな」と思い、散髪に行きました。散髪を終えて妻の元に戻ると、妻はえらい勢いで「どこ行ってたの？」「よく私を置いて行けるわね。信じられない！」と。

このときのことはいまだに言われます。「お父さんは私が陣痛のときに髪切ってたからね」って。私のようにお産の知識があってもそういうことが起こるのです。陣痛のときの恨みは一生モノ、これから父親になる男性はそう心得てください。

痛みの先にあるゴールを見据え、陣痛を乗り越えて

「陣痛の痛みってどのくらい？」「痛みが怖い」……お産が近づくと、そんな不安が募るかもしれません。

残念ながら、陣痛は痛みの中でも最強レベル。本当にしんどいと思いますが、これだけは忘れないでください。その痛みの先には赤ちゃんと会えるというゴールが必ずあります。

どこまで頑張ればいいのかわからないときが一番不安ですよね。だから私たちも

「もう少しでお産になるよ」「あと2回くらいいきんだら生まれそうだよ」など、できるだけゴールが見えるような声をかけるようにしています。

陣痛の痛みに耐えられないときは叫んでもいい。我慢しないでください。声を出すことで、ある程度痛みを発散することができるので、絶叫しようが何をしようが構いません。

むしろ、私たち医療者は陣痛がそういうものだとわかっていますから、ご自身が一番ラクになる方法を見つけてください。

それでも、出産を終えた多くのママからは「あれだけの痛みだったのに忘れちゃった」という声を聞きます。お産のときはあまりの痛みに「もうヤダ！」なんて言っていたのに、生まれた赤ちゃんを抱っこしながら「先生、また次もお願いします」と笑顔でおっしゃる方もたくさんいます。

そんな顔を見るたびに、母親というのは本当にすごいなと思います。まさに母は偉大です。

私には陣痛の経験がないので偉そうなことは言えませんが、必ず乗り越えられる痛みであることは間違いありません。「陣痛の痛みは赤ちゃんに会うため」と前向きにとらえ、しんどさを抜けた先にある大きな喜びをイメージして乗り越えてくださいね。

自分なりの「バースプラン」を立ててみよう

満足のいくお産にするためには、できるだけママが主体性を持つことが大事だと私は考えます。そのため当院では出産前に「バースプラン」を書いてもらい、できるだけその希望に沿った形でお産が迎えられるようにサポートしています。

バースプランとは、どんなお産がしたいか、陣痛時や入院中はどう過ごしたいかなど、ママやパパの希望をまとめたもの。クリニックに専用用紙が準備されていることもあれば、自分で作成する場合もあります。

当院ではバースプランの用紙に自由に記入していただいています。「お産に臨むにあたって、好きなことを書いてください」というだけで、こちらの質問にイエス・ノーで答えるような形式にはしていません。

イエス・ノー形式の質問だと、あまり深く考えずに選んでしまうことがあります。バースプランを立てる理由は「アクティブバース」(=ママが積極的にお産に関わること)だと考えるので、自分の考えを自分の言葉で書いてもらうのが一番いいと思ってのことです。

たったひと言「無事に生まれることだけを願っています」と書く方もいれば、何ページにもわたって綴られる方も。足湯をしてほしい、テニスボールを使ってマッサージしてほしい……いろんなことが書いてあります。

「赤ちゃんを抱っこするのは、パパじゃなくて私を一番最初に」という希望もあります。帝王切開の場合はママがすぐに抱っこできないので、パパが赤ちゃんに面会しても抱っこはお預け。ママが先に抱っこしてからパパに、という優先順位が書いてありました。

「分娩室でこの音楽を聴きたい」などというのもOKです。私もけっこういろんな音楽を聴きながらお産に立ち会ってきましたよ。

「自分たちの結婚式のDVDを流してほしい」という方もいらっしゃいました。出産に立ち会ってくれる上のお子さんのために「アンパンマンのDVDを流して」とおっしゃった方は、アンパンマンのマーチが流れる中で出産されました。

すべてはその方の個性です。バースプランを見て「これはちょっとできないかも」というときはご本人と相談しながら、できる限り希望に沿った出産を実現したいと思っています。

将来、家族で「お姉ちゃんがアンパンマンを見ているところであなたは生まれたのよ」なんて会話ができるのもいいですよね。そんなふうに記憶に残るお産になればいいなと思っています。

「無痛分娩」と「和痛分娩」

陣痛や分娩の際に「痛いのはどうしても嫌だ！」という方には、麻酔薬で痛みを和らげる「無痛分娩」や「和痛分娩」という選択肢があります。

ただし、すべての分娩施設で対応しているわけではありませんから、施設選びの際に確認しておく必要があります。そして、それぞれにメリット・デメリットもあります。

「無痛分娩」は、吸入麻酔を使う方法と硬膜外麻酔を用いる方法があります。後者は出産時の痛みを伝える神経の多くが背骨の中にあるため、背中から硬膜外腔というところにチューブを入れ、そこに麻酔薬を注入します。ほぼほぼ痛みを感じなくなるというメリットがある一方で、陣痛がわかりにくくなるので、陣痛促進剤を投与したり、いきみ方がわかりづらく、吸引分娩になったりするケースもあります。吸入麻酔を使う方法と異なり、痛みが完全にとれるわけではないので、「無痛分娩（和痛分娩）」と表記する場合もあります。

また、万が一麻酔を注入する場所を間違えるとママの呼吸が停止してしまうことがあり、実際にそうした事例も報告されています。そのため、最低でも麻酔や全身管理を熟知した医師が2人は必要でしょうし、それに対応できる看護スタッフも育成しなければいけません。

一方、「和通分娩」とは、分娩の痛みをやわらげるお産のこと。産院によってやり方はさまざまですが、私たちのクリニックでは、陣痛が来て子宮の入り口がある程度開いてきたときに、腟や子宮頸管に近い部位に少量の局所麻酔薬を注射して痛みを緩和します。痛みはゼロにはなりませんが、腰やお尻の痛みをブロックしてくれるだけでなく、子宮頸管の緊張もとれるので、お産の進みがよくなります。副作用がほとんどないこともメリットです。

硬膜外麻酔（無痛分娩）の場合は持続的に麻酔薬を入れられますが、和痛分娩の場合の傍頸管ブロックは子宮口開大に合わせてピンポイントで注射をするので、麻酔の効果は2時間程度です。

その間にどんどんお産が進めば追加する必要はありませんが、赤ちゃんがもう少し下がってきたら、ママの坐骨棘《きょく》のほうに向かって局所麻酔薬を注入し、再び痛みを緩和させるという方法を当院では採用しています。痛みがかなり緩和されるうえ、分娩時間が短くなるケースが多いので、ママの疲労度も違うと思います。

無痛分娩と和痛分娩で大きく違うのは費用面です。硬膜外麻酔は10万〜20万円くらいかかりますが、局所麻酔は1回2000円程度。和痛分娩はコストパフォーマンスに優れた分娩方法だといえるかもしれません。

当院では2024年6月から和痛分娩を始めましたが、初産婦さんの2割程度が選択されており、「痛みが減ったのでお産がラクになった」「進みが早かったのでびっくりした」という声をいただいています。

ただ、痛みの感覚はどうしても残るので、「おなかは痛かったです」と笑いながらおっしゃる方もいらっしゃいます。

親世代くらいの中には「おなかを痛めて産まないなんて」などと言う人もいるか

もしれませんが、痛みの強さや我慢したかでお産の質や赤ちゃんへの愛情が決まるわけではありません。ママがどうしたいか、それをしっかり考えて選択してください。

お産は理想どおりにいかなくて当たり前

いざお産本番を迎えると、不安や緊張でいっぱいになると思います。

でも、私たちはママを信頼しています。ママも不安はあるでしょうが、医療スタッフを信頼して、お産に臨んでください。

ただ、何が起こるかわからないのもお産です。自然分娩の予定だったのに緊急帝王切開になった、分娩が長引いて吸引分娩に……そうしたことは決して特別なことではありません。

帝王切開になったから「自分の力で産んであげられなかった」、お産に時間がかかり「赤ちゃんに苦しい思いをさせてしまったかも」、予想外の措置に「私がいけなかったの？」などと自分を責めてしまうママもいます。

でも、先にも書きましたが、どんなお産でも自分の胸に無事に赤ちゃんが来たなら、選択したことは間違いではないのです。プロセスは関係ありませんから、決して自分を責めたりしないでください。

理想のお産のイメージがあったとしても、そのとおりに進むお産はまずありません。バースプランにたくさん書いていても、陣痛が来たら無我夢中で結局「何もできなかった」という方もたくさんいます。

「選択したことに間違いはない」「そのときの状況に合わせて自分ができる最善を尽くしたから、今ここに赤ちゃんがいるんだよ」、私はいつもそう伝えています。

理想どおりにいかなくても、
赤ちゃんとママが無事なら
120点のお産。
頑張った自分を褒めて自信を持って
育児をスタートしましょう！

赤ちゃんを無事に抱くことができれば、お産のプロセスは関係ありません。思い描いたとおりにいかなかったとしても「選択したことは間違いではなかった」と自信を持って！

CHAPTER

第5章

How to be a Happy Mama

赤ちゃんとの生活を目いっぱい楽しむ方法

「母子同室」でスムーズに育児をスタート

当院は埼玉県幸手市で開院して約30年になりますが、当初から「母子同室」を行っています。それにはこんな経緯がありました。

私の妻は、産婦人科医である私の父の医院で出産しましたが、そこはお産の数も少ない小規模施設でした。

出産したときはたまたま患者が妻1人だけで、個室に入院することに。当時、私は病院勤務でしたが、勤務先の病院では相部屋が一般的。だから個室で1人というのはちょっと心配だなと思っていました。

でも、個室では妻がリラックスして過ごし、私も自由に赤ちゃんに面会できました。個室っていいものだなと思い、ちょうど自分が開業を考えていた時期でもあったので、「開業するクリニックは個室にしよう」と決意したのです。

ママと赤ちゃんが一緒にいるのは自然な形。だから安心感があるし、幸福感も感じやすい。「これが母子同室ということなんだ！」……あらためてそう気づき、完全個室の母子同室としてスタートしたのがワイズレディスクリニックです。

また、赤ちゃんが泣いたらおっぱいをあげたり、おむつを替えたり、ママは常に育児に集中できます。自らがお世話をしますから、自宅に帰ってからの予行演習ができるというメリットもあります。

さらに、医療スタッフとの関わりも密に。スタッフ側も、相手が集団だとどうしてもアドバイスなどが一律になりがちですが、個室であればママや赤ちゃんの個性に合わせた助言がしやすくなります。

逆に、母子同室だからこその短所もあります。

常に一緒にいるので、日中も夜間もなかなか眠ることができず、体が休まらないことも。また、夜間に赤ちゃんが泣きやまなかったりすると「これで自宅に帰ってからやっていけるのかな？」という不安を持つ方も中にはいます。

相部屋であれば同室のママとワイワイおしゃべりできますが、個室であることによってママ同士のコミュニケーションが不足することもあります。できるだけママが孤立しないように、当院では昼食と夕食はそろってラウンジで食べてもらうようにしています。

ただし、ママには「しんどかったら赤ちゃんを預かるよ」と伝え、安心して任せてもらえるように心がけています。実際に「預かってください」とおっしゃる方もいれば、泣いている赤ちゃんを見ながら呆然としている方も。その際はすぐにスタッフが預かり、「ちょっと休もうね」と声をかけています。

自宅に帰ったらそうしたサポートなしでお世話しなければいけないわけです。だから一定のところまではできるようにして帰らせてあげたいという思いで、日々ママ＆赤ちゃんと向き合っています。

「ゆるっと母乳育児」でいいじゃない

赤ちゃんにとって最良の栄養は母乳。でも近年は「母乳育児」をするかどうか、悩むママも多いようです。

栄養価が高く、免疫物質が含まれているだけではなく、授乳することで親子の絆が育まれるなど、母乳にはたくさんのメリットがあります。だから当院でも母乳育児を推奨しています。

でも、だからといって「何がなんでも完全母乳で育てなければならない」とは考えていません。母乳育児のメリットを伝えたうえで、ママが「母乳ではなくミルクで」と希望されるなら、それはそれで「ＯＫ」と尊重しています。

とはいえ、「早期母子接触」で生まれたばかりの赤ちゃんをママが抱っこすると、赤ちゃんがママのおっぱいの匂いに興味を持って起き始めます。そのタイミングでスタッフが「ちょっとおっぱいを吸わせてみようか」と声をかけて、吸わせるようにはしています。

おっぱいを吸わせるという幸せな感覚を、たとえ一度だけでもママに感じてほしいし、記憶に残るかはわかりませんが、赤ちゃんにも経験させてあげたいと思うからです。

そのような形で、１回でもおっぱいを吸わせてあげれば、それは立派な母乳育児。私はそう考えています。

母乳育児は大事ですが、それだけでママや赤ちゃんの価値が決まるわけではありません。私たちもできるだけ柔軟に考えて、ママが選択した育児方法をサポートしていきます。１００点満点の母乳育児ではなく、ママの１００％の力で１００点の母乳育児を目指します。

ママが「ラクだから楽しい」「楽しいからラク」と思えるような「楽ラク母乳育児」になるよう、私たちサポート側は「ゆるっと母乳育児」でいきたいと思っています。

赤ちゃんが母乳育児を選んでいる⁉

母乳育児をしたいのであれば、母乳の出をよくするための基本は赤ちゃんに吸わせること。特に生後しばらくは頻回授乳＝頻回に吸わせてあげることが一番大事なので、おっぱいを上手にくわえさせられるようになるといいですね。

おっぱいの形、ママの姿勢、赤ちゃんの好みや飲み方のクセにもよりますが、まずは抱っこの仕方を工夫して、赤ちゃんが吸いやすい状況をつくってあげましょう。

でも私は長年、産婦人科医をしてきましたが、母乳育児になるかどうかを選んでいるのは赤ちゃん自身ではないかと思っています。

当院では、コロナ禍での退院時の母乳栄養は20%を切る状態でしたが、スタッフの介入が十分ではないのに、不思議なことに1カ月健診では40%を超えました。さらに生後2カ月には60%を超える母乳栄養になったのです。

ミルクで育てるつもりが、赤ちゃんが哺乳瓶の乳首を嫌がっておっぱいしか飲まなくなったら、それはそれでいい。逆に、ママは母乳育児をしたかったのに、おっぱいを飲まずに哺乳瓶のミルクだけを好む子もいます。母乳もミルクも両方いけるハイブリッドな子もいるかもしれません。
それぞれ個性があると思うので、そこは「赤ちゃんに任せよう」というのが私たちのスタンスです。

産後の1カ月健診のときは混合栄養だったのに、2カ月健診では母乳だけになっていて、「先生、最近ミルクを飲んでくれないんですよ」なんていうケースもあります。そんなときは「体重もちゃんと増えているから、このまま母乳でいったらいいよ」と伝え、赤ちゃんを診察しながら「よくやった！　キミの頑張りだよ」と、心の中で赤ちゃんを褒めています。
そんなふうに、声を出して主張はしないけれど、赤ちゃん自身が選んでいるような気がするのです。だから私はそれでいいと思っています。

最初は母乳の出が悪くてミルクを足さなければいけないということに落ち込んだ

り、自分を責めたりしてしまう人もいます。でも、ミルクは補助エンジンと一緒ですから、うまく離陸できるようになるところまではミルクを使えばいいのです。

完全母乳だからママと赤ちゃんがすごい、などということは一切ありません。うまくいかずに心折れてしまうよりは、うまくいく方法をチョイスするほうが大事。

まずは無理をせず、自分に負荷をかけずにやってみて。その結果として完全母乳にできるのであれば、それはそれでいいというだけのことです。

育児中のママ仲間は心強い存在

当院ではできるだけコミュニケーションの場を設け、仲間がいることを実感してもらいたいと考えています。

妊娠初期から後期にかけて全部で4回行っているマザークラスは、パパの参加も

ＯＫ。コロナ禍はリモート（録画してＹｏｕＴｕｂｅで配信）で行っていましたが、今はクリニック内のスタジオで実施しており、妊婦さんたちが集まって交流できるようにしています。また入院中、昼食と夕食はラウンジでみんな一緒に食べるようにしています。

何事においてもそうですが、１人だと不安だけれど、一緒にいる仲間がいると心強いものですよね。

また、妊娠・出産・育児という同じ経験をしている人たちと交流することはメンタル面にもよい影響をもたらします。互いに悩みを打ち明け合ったり、上にお子さんがいるママからは経験談やアドバイスを聞かせてもらえたり。そうすることで育児への不安感が少なくなるものです。

もちろん、人の経験はすべてが正しいわけではありませんが、事例の一つとして参考になるし、自分が自信を持ってやっていくためのヒントにもなるはずです。

皆さんもぜひ積極的にコミュニケーションをとって、仲間をつくってほしいなと思います。

しんどいときは頑張りすぎなくていい

赤ちゃんの誕生後、退院して自宅に戻ると、いよいよ本格的な育児がスタートします。

まだ産後の体調も万全ではないなか、24時間赤ちゃんのお世話をすることになるわけですから、「私、ちゃんと子育てできるのかな」と不安に思う方も多いでしょう。特に初めの1カ月ほどは、ママもパパも赤ちゃんも新しい生活に慣れていませんから、しんどい思いをするかもしれません。

でも育児というのは、そのときは本当に大変だと思うものですが、あとになって振り返ってみると、とても短い時間だったことに気がつきます。最初の1カ月間を乗り切れば、すっと進めるようになるので心配しないでください。

私はママたちにこんなお話をしています。

自宅に戻ったら、最初のうちは赤ちゃんをお客さんだと思ってね。お客さんにはおもてなしをしなきゃいけないから、授乳も頻回にやりましょう。でも、2週間も家にいたらもうお客さんじゃないから、今度は家の生活に慣れてもらうためのステップに入ろうね——。

小さい命が目の前にあり、自分で守っていかなければいけないのですから、戸惑うのは当たり前。最初は何が何だかわからない状態だと思います。

そんなママやパパをサポートするために私たちがいるのですから、何か困ったことがあったらどうぞ医療者に相談してください。

そして、一番近くにいる味方はパパです。しんどいときは遠慮せずＳＯＳを出しましょう。男性にできることは限られてしまいがちですが、とりあえず抱っこはできるはずです。

頑張りすぎなくていいんです。パートナーと育児をシェアし、ときには周囲に頼りながら、しんどい時期を乗り越えましょう。

赤ちゃんが泣くことを怖がらないで

育児では、1つの目標を達成すると次のステップへと進みます。

例えば授乳。産後すぐは、どうしても赤ちゃんが泣いたらおっぱいをあげる頻回授乳ですが、当院では2週間健診（154ページ）の際、ママのおっぱいが出ていて赤ちゃんがしっかり飲めるようになっていれば「次のステップに入っちゃおう」と言います。

次のステップは、赤ちゃんに空腹と満腹を覚えてもらうために、逆に飢餓状態をつくることです。当然、おなかがすけば赤ちゃんは泣きます。だからママには「赤ちゃんが泣いてもいいんだよ」と伝えます。

泣く、飲む、排泄する、が赤ちゃんの仕事。そして赤ちゃんは泣くことでしかコミュニケーションがとれません。だから泣くことを怖がらなくていいのです。ただし、泣いたら放置はせず、抱っこしたりあやしたりしてあげましょう。誰かに抱っこされていると赤ちゃんは落ち着きます。ほかの哺乳動物もママのそばにべったりと寄り添っていますよね。それはふれ合うことで安心感が得られるからです。

ママのおなかの中にいるとき、赤ちゃんは羊水に包まれていて、ママの体温を常に感じる状態でした。だから、生まれてからもママのそばで同じように体温を感じると安心します。「早期母子接触」をするのにもそうした理由があり、ママのぬくもりを覚えておくことはとても大事なのです。

だから、なるべくママの体温を感じやすい状態で抱っこしてあげると、赤ちゃんはより安心します。

そして、抱っこしてじっとしているだけでなく、動くのもいいと思います。赤ちゃんは振動を感じると、危険な状態だと本能的に認識します。例えば、鳴いている子猫もママがくわえて動き始めると黙ります。移動する＝敵から逃げていると感じる本能があり、自分が声を出すと捕まってしまうかもしれないと思うからだという説があります。

人間も同じです。車で移動するときに赤ちゃんが泣きやんだりするのは、実はそのような理由があるのです。

「よしよし」と声をかけながら家の中をウロウロするのもいいでしょう。そのほうが泣いている赤ちゃんも早く落ち着くと思います。

「赤ちゃんは私のことが嫌いなんじゃないでしょうか」などとおっしゃるママもいます。理由を聞いてみると、「私が抱っこすると泣くのに、おばあちゃんとか私以外の人が抱っこすると泣きやむんです」。そう言いながら、思わず泣いてしまいます。

そんなとき、私はこう伝えます。「周りの人はみんな『かわいい〜♡』だけだから。泣いている姿だってかわいいと思っているんだよ。でも、あなたはそうじゃないでしょう？」。

本人は「私がしっかりお世話をしなきゃ」という責任感を持っていますから、赤ちゃんが泣いているとどうしても緊張してしまいます。おっぱいもあげたし、おむつも替えたのに、なんで泣くんだろう……その緊張感が赤ちゃんに伝わって泣きやまないのだと思います。一生懸命お世話しようとするから、その気持ちを赤ちゃんも汲み取って緊張してしまうということ。どんなに泣いても、決してママのことが嫌いなわけではありませんから心配しないでください。

慣れてきたら、泣いている赤ちゃんをひょいと抱っこしながら掃除だってできるようになります。

今はしんどいかもしれませんが、「なぜ？」と悩まずに、「赤ちゃんはそういう生き物なんだ」と思って、しばらくおつきあいしてみてくださいね。

育児スタートの不安を解消する「2週間健診」

出産後、1カ月頃を目安に行われるのが「1カ月健診」です。健診の目的は赤ちゃんと母体のコンディションをチェックすること。産後のママにとっては体の回復状態だけでなく、育児の悩みや心配事を相談できる場でもあります。

でも、退院後に一番しんどいのが最初の1カ月間。さまざまな不安を抱えたママを1カ月健診まで放っておくことは私にはできないし、医療機関としても失格だと思いました。そこで当院では開院当初から、退院から1週間後を目安に「2週間健診」を設けています。


2週間健診のときに、おっぱいをちゃんと飲めていて赤ちゃんの体重も増えていれば、一般的には「このままでいきましょうね」かもしれません。でも、ママにとっては「いやいや、私この2週間すっごく頑張ってやってきたのに、これをまた続けていかなきゃいけないの？」と思うでしょう。

だから当院では「このまま」という言葉をなるべく使わないようにしています。「このまま」というのは、本人にしてみれば「今のままのしんどい状態を続けなさい」と言われているのと同じことですから。

育児でいっぱいいっぱいになっていると、小さなことでも一つ一つにゴールがほしいはず。「頻回授乳は卒業しようか」「回数は今のままでもいいけれど、ちょっとやり方を変えてみよう」など、次のステップに入るためのアドバイスをすることで、気持ちを切り替えてあげられればいいなと思っています。「これからは授乳回数がだんだん減ってきて、4カ月の頃には6〜8回になるよ」「そうなれば今よりラクになるよ」。ゴールを示すことで、より育児を楽しめるようになってくれればうれしいですね。

産後健診の目的はもちろん母子の健康状態を確認することですが、それに加えて自分に自信を持ってもらい、楽しく育児をしてほしいとも思います。なので、不安な部分をサポートし、次の健診までを乗り切れるようにアドバイスするのも産後健診の大事な役割だと考えています。

最近は、1カ月健診より2週間健診のほうが有用ではないかという論文も出てきています。また、国の指針の中にも、できるだけ2週間健診を行ったほうがいいとはありますが、予算的な問題もあり、自治体のサポートはまだまだ足りないのが現状です。

2023年には母子健康手帳が改訂されました。それまでは1カ月健診の次は3、4カ月だったところに「2カ月健診」が追加されました。当院が10年ほど前から始めた2カ月健診を国も実施するようになったのだと、感慨深い気持ちになりました。2週間健診も早くとり入れてほしいですね。

また、改訂された母子健康手帳では産後うつなど心のケアについての記載が拡充されました。実際、当院でも2週間健診の際にエジンバラ産後うつ病質問票を行うと結果が悪い方が多く、1カ月健診では2週間健診のときよりよくなっている方が多いと感じます。

産後の心のケアはとても大切なこと。そういう意味でも2週間健診は大事だと思っています。

まずは2週間、次は1カ月、2カ月と健診を受けながら、少しずつでも育児に自信を持っていってくださいね。

互いの長所を生かしながら育児の役割分担を

近年は主体的に育児を行う男性が増えて喜ばしいですね。当院にも、産後の健診につき添うパパがたくさんいて、皆さん一生懸命にママと赤ちゃんに寄り添っています。

一方で、ママからは「ちょっとミルクをあげただけでイクメン気取りしている」「協力が足りない」「そもそも『手伝っている』って何？　育児は2人でやるものなのに」などという厳しい声も聞こえてきます。この溝はどうすれば埋められるのでしょうか。

私はまず、赤ちゃんとママとパパがいるイメージを持っておいてほしいと思います。ママが赤ちゃんにおっぱいをあげているところをパパがやさしく見守っている……この本の表紙のイラストのようなイメージです。

そして、その中で何をするかをパパに自分で考えて行動してもらうことが大事です。人から指示されてやらされるのと、自分で考えてやっていくのとでは大きく違います。特に男性は自分で考えて物事を進めていくのが得意なので、ママにはパパが自発的に動けるような声かけをしてほしいと思います。

「今、幸せだね。この状態がいつまでも続くといいね」と言われれば、パパはその幸せを維持するために何をしたらいいのだろうと考えるはずです。「やらされている」のではなく、「自分に何ができるだろう」と主体的に考えて動けるようになります。
そのためにもコミュニケーションが大切。いつでも声をかけ合って、お互いの状況を知っておくだけでも安心感が違うと思います。

最近は「パパ夜勤」などという言葉もあるそうですね。パパが夜中に起きて、ミルクをあげることを指すのだとか。一日中赤ちゃんと向き合い、睡眠も細切れになって、疲れ果てているママにとっては非常にありがたいサポートでしょう。ただ、「夫婦で平等に子育てしよう」という思いは非常に大切だとは思いますが、私は「平等」というのはすべてを分担することではなく、それぞれの特性に合った役割分担をすることだと考えます。

前述のとおり、赤ちゃんが夜中にギャン泣きしても、パパはなかなか起きません。これはホルモンの影響による睡眠パターンなので、いかんともしがたいのです。だから「パパ夜勤」は男性にとってはかなりしんどいような気がします。

一方で、産後の女性の体は赤ちゃんのお世話をするようにできています。妊娠・出産・育児は原始的なことですから、ある程度は原始的なままに合わせた、生物的な特性を生かして分担したほうがやりやすいのではないかと思うのです。

もちろん、ママがどうしてもしんどいときのパパ夜勤は必要ですが、それ以外に例えば、おむつ替えをする、赤ちゃんをお風呂に入れる、掃除や料理を担当する……など、パパができることはほかにもたくさんあるはずです。

ママが頑張るべきところはママが頑張る、そのかわりにパパは自分ができることを積極的にやる、そういう役割分担が大切だと思います。

男性と女性では得意なことに違いがありますから、それぞれの長所を上手に生かしながら子育てしていくことがとても大事だと思います。

イライラするのはママの正常な防衛反応

赤ちゃんが生まれると、孫フィーバーで暴走してしまう祖父母がいます。頻繁な連絡や訪問、子育てへの口出し……。昔ほどではありませんが、そうした孫フィーバーに悩まされるママから相談を受けることは今でもあります。

ママにとって適切なアドバイザーは私たち医療者。でも祖父母は自分にも経験があり、子どもをちゃんと育て上げたという自負もあるので、つい口出ししたくなってしまうのでしょう。

ママにとっては余計なお世話かもしれませんが、まずは一度、耳を傾けてみてはいかがでしょうか。また、何か言われる前に「私はこういうふうにしているんですけど、どうでしょうか」と聞いてしまうのもいいかもしれません。口出しされる前にこちらから言ってしまえば、ストレスも少なくて済むはずです。

そのうえで、聞き入れるまでもない口出しや昔の子育て知識の押しつけであれば、スルーするのも一案です。その場は「はいはい、わかりました」と聞いておいて、家に帰ったら知らん顔でも構いません。

どうしても困ったら、最終手段として私たち医療者を使ってもいいと思います。口出ししてくる人たちは、ママが自己流でやっていると思うから修正してあげようとしているわけです。そこで「かかりつけ医からこう言われているので」「クリニックのスタッフからこうするように指示があったんです」と伝えれば、「それならしょうがないわね」と諦めてくれるでしょう。

いまだに「床上げ」「産後の肥立ちが悪い」なんていう声もあります。床上げは産後3週間ほど布団に横になって安静にし、それから徐々に普段の生活に戻していくという古くからの風習ですが、そんなことをしていては産後の肥立ちが悪くなるばかりです。出産後でも、日常と同じように生活することによって子宮の収縮が促されていくというのが今の常識です。

「産後は水を触っちゃいけない」などというのも、井戸や川から水を汲んでいた時代に、そうした重労働も含めて「水を触っちゃいけない」だったわけです。水を触ったから体が冷えるなどということはありません。何より、今はどこの家でも蛇口をひねればお湯が出るのですから(笑)。

こうした時代錯誤な声は受け流して構いません。


孫フィーバーや育児への口出しにイライラすることもあるでしょう。精神的に不安定になりやすいこの時期は「産後ガルガル期」などと呼ばれているようです。

産後にイライラしやすいのはホルモンバランスの乱れによるもの。そして、ある程度は自分と赤ちゃんを守ろうとする母性の正常な防衛反応であると私は考えます。ただ、それが行きすぎてしまうと「ガルガル期」といわれてしまうのではないでしょうか。

イライラする対象は夫や親など身内であることが多いと思いますが、そういうときは周りに頼ることが大事です。イライラの発生源からいったん離れ、地域の母子支援センターや産後ケア、もちろん私たち医療機関などに相談することを意識しておいてください。

ママはどうしても1人で頑張ってしまいがち。赤ちゃんを守るのは自分しかいないという気持ちが強くなるのはよくわかりますが、社会がちゃんと支えているということも常に頭に入れておいてほしいと思います。

ママには逃げ道が必要です。できるだけ周りを頼りにして、たくさんの味方をつくりましょう。

自分1人で抱え込んでパンクしてしまうと、その反動でストレスも感じやすくなります。だから頑張りすぎず、ときには手を抜いて。自分で上手にコントロールしながら、ゆったりした気持ちで過ごせるようになるといいですね。

「伴走型支援」ではなく「伴奏型支援」を

妊娠・出産・育児はずっと続いていくもの。「はじめに」でも書きましたが、スポーツで例えるとトライアスロンのようなものです。

妊娠・出産・育児はトライアスロンのように孤独な一面がありますが、トライアスロンには必ずサポートする人たちがいるように、妊娠・出産・育児にも周りに支えてくれる人が必ずいます。

そういった人たちをしっかり仲間にして、味方にして、やっていくことが大事。「私ひとりで」と抱え込むとしんどくなってしまいますが、あなたはひとりではありません。仲間や味方がいることを、どうか忘れないでくださいね。依存先をたくさんつくり、上手に人に頼ることができる人こそ精神的に自立していると言えます。そして、周囲の私たちも妊娠・出産・育児が「行き当たりバッタリ」でも「行き当たりバッチリ」になるためにサポートできるようにしたいものです。

社会的に孤立した人たちにつながり続けるという意味で「伴走型支援」という言葉があります。最近は母子の支援などについても「伴走型支援」が一般的に使われていますが、果たして適切な言葉なのでしょうか。

私は長距離が苦手な人間なので、「伴走」という言葉に「なんで走らなきゃいけないの?」と違和感を覚えていました。そこで「伴走型支援」は英語で何というのか調べてみたら、「accompaniment support」。「accompaniment」はフランス語で「同行（する）」「伴走（する）」「伴奏（する）」を意味する「accompagner」に由来している、といわれています。

なかでも、母子に対する支援は「伴走」というより「伴奏」のほうがいいのではないかと私は考えます。「走る」という誰でも疲れてしまうことを「頑張れ」という伴走より、その人のペースに合わせて、ときには「休む」、周囲が一緒に「奏でる」という伴奏のほうが適切だと思うからです。

アンサンブルのようにみんなで一緒につくっていくのが妊娠・出産・育児であるはずです。「伴走型支援」より「伴奏型支援」で寄り添うことが大切ではないでしょうか。


子育ては社会が取り組むべきこと。それを周囲の人に理解してほしいし、ママも周りに頼っていいということを知っておいてほしいと思います。

ときには歩いてもいいし、立ち止まってもいい。休みたいときは「休む場所をつくってあげるよ」「こっちで赤ちゃんの面倒を見るよ」とママをサポートできる社会になることを願っています。

自分たちだけで頑張りすぎないで。周囲に頼り、たくさんの味方をつくりながらラクに楽しめる自分のスタイルを見つけていきましょう

産後1カ月ほどは肉体的にも精神的にもしんどい時期。ここを乗り切れば育児もスムーズにできるようになっていくので ときには周囲に頼りながら上手に取捨選択していきましょう。

おわりに

最後までお読みいただき、ありがとうございます。

妊娠・出産・育児の不安や悩みが少しでも解消されたでしょうか。

「大変なこともあるだろうけれど、楽しみながらやってみよう！」と思っていただけたとしたら、これほどうれしいことはありません。

何事においてもそうですが、同じことをやるにしても「楽しい」と思う人と「しんどい」と思う人がいます。例えば仕事。しんどいと思いながらも「お金を稼ぐために仕方なく」働いている人もいれば、「楽しくてしょうがないうえに経験も積ませてもらい、さらにお金ももらえるなんて最高」という人もいます。

私は後者で、産婦人科医という仕事は自分にとって天職だと感じていますし、この仕事を選んでよかったなといつも思っています。

妊娠も出産も育児も同じです。しんどいこともあるけれど、楽しんでやることによってワクワクするし、より子育てに前向きになれます。

「夜中も寝られなくて本当にしんどい」といったネガティブな情報もあふれていますが、そのぶん手抜きして昼寝をしたっていいんです。それが自分にとってラクなもの、楽しめるものであればとり入れてみて。うまくいかなければ、そこで修正すればいいだけです。

そもそも、うまくいかないことのほうが多いのが妊娠・出産・育児です。

でも、考えてみれば人生だってそうですよね。どんなにしんどかったことでも、あとになって振り返ると笑って話せることがあります。だから今は大変でも、まだ何もできない赤ちゃんを育てていくことの楽しさに目を向けてほしいと思います。

私自身、３人の子どもを育てました。生まれてからしばらくは歩くこともできないし、ごはんも食べられないし、なかなか思いどおりにはなりません。そんな人間を育てて成長させていくのですから、我慢強さを学べます。

何もできない相手に対して忍耐強くやっていくのは本当に骨も折れますが、「子育ては親育て」といわれるように、自分自身も成長しているという実感があるはずです。人間的にもより深みが増すのではないでしょうか。

ママが楽しんで子育てをしていると、子どもものびのびしています。子どもは親を映す鏡でもあるので、互いに影響し合い、より笑顔が広がっていくでしょう。

今の日本は、必ずしも「子どもを産み、育てたい」と積極的に思える社会ではないかもしれません。だからこそ、ママ・パパだけでなく社会が一緒に子どもを育てていくのだということを社会が認知して、寛容になっていく必要があるのではないでしょうか。

子どもがいるのが当たり前、子どもが泣くのも当たり前。自分たちだって泣いて育ってきたわけですから、「うるさい」ではなく、泣いている子どもを見てにこやかにできるおおらかさを持った社会になってほしいと願います。

人は1人では生きていけません。互いに支え合うのが社会であり、その中で私たちの今の生活が成り立っています。その社会を将来支えてくれるのがこれから生まれてくる赤ちゃんなのですから、彼らがより生きやすい環境を整えていくことが大切だと思っています。

瀬川裕史

瀬川裕史

Yushi Segawa

医療法人社団ワイズレディスクリニック
理事長・院長

PROFILE

せがわ ゆうし●1958年、福岡県生まれ。3人の子どもの父親。産婦人科の勤務医から開業医となった父の背中を見て育ち、ときに反発しつつも1984年に聖マリアンナ医科大学卒業後、産婦人科の世界に入る。同大学の関連病院や獨協医科大学越谷病院をはじめ、多くの師から学んだものを生かして自分の理想の産婦人科クリニックを立ち上げたいと、1995年にワイズレディスクリニックを開業。クリニックの運営では多くの挫折を味わいながらも、2003年に日本で最初に産婦人科・小児科でISO9001の認証（国際基準レベルの品質のサービスや商品を提供する仕組みを備えている証）を受ける。クリニックの業務以外に、幸手市医師会会長として学校保健、介護などの地域医療との関わるほか、日本保健医療大学の臨床教授として看護学生の教育実習にも携わっている。

STAFF

装丁・ブックデザイン ……… 佐藤 学(Stellablue)
表紙イラスト ……………………… 橋本 豊
構成 ……………………………………… 本木頼子
撮影 ……………………………………… 柴田和宣(主婦の友社)
DTP制作 ………………………… 蛭田典子
編集担当 …………………………… 村井未来　大隅優子(主婦の友社)

幸《しあわ》せの手《て》で紡《つむ》いだ妊娠《にんしん》・出産《しゅっさん》・育児《いくじ》
2万人《まんにん》のおめでとうを見守《みまも》る産科医《さんかい》からのメッセージ

2025年3月4日　第1刷発行

著　者／瀬川裕史《せがわゆうし》
発行者／大宮敏靖
発行所／株式会社主婦の友社
〒141-0021　東京都品川区上大崎3-1-1　目黒セントラルスクエア
電話 03-5280-7537(内容・不良品等のお問い合わせ)
049-259-1236(販売)

印刷所／中央精版印刷株式会社

ISBN978-4-07-461528-5